教育者としての人間的成長：資質能力育成の重要課題

一般社団法人全国私立大学教職課程協会

前副会長　　町田健一

　日本の教師は、活発な校内研修・地域研修など自主的・主体的な学びを通して、優れた教育実践をしてきた。特に、多くの人格的にも優れた教師が、人間教育をめざす建学の精神のもとに私学を興し、日本の教育界に貢献している。

　一方、戦後の高度成長期に、非常に多くの教員採用を行う必要があり、「教師でもするか」「教師にしかなれない」という、無気力で力不足の「でも・しか教師」が多くいたことも事実で（デモしかしない教師の意もあり）、1980年代より教員の資質能力の向上を目指す一連の改革が始まった。

　代表的な改革のみ記すと、まず、1987年（昭和62年）の教育職員養成審議会答申を受け、教員の質の高度化をめざして専修免許が創設された。「修士課程等において特定の分野について深い学識を積み、……高度の資質能力」を持った教員が求められるようになったのである。また、学部における教員養成を、即戦力の"専門職者"養成として位置づけ、1998年（平成10年）に免許法を改正、2000年（平成12年）に施行された。教科に関する専門科目を40単位から20単位＋αへと大幅に削減、それに伴う教職に関する専門科目を19単位から31単位に増加（中学校）となった。以後、教員の高度専門職化をめざした教職大学院の創設、学部教職課程のコアカリ等、教員の資質能力の向上をめざした養成制度改革が続いている。

　しかしながら、教員養成の今日的課題として、より重視すべき事柄があると私は考える。2000年以降、「指導力不足教師」「問題を起こした不適格教師」に関する報道数は増えることはあっても大きく減ることはなく、文科省の調査によれば、「指導力不足教員」の認定数は、諸改革にも拘らず、2000年から増加傾向にあり、特に、職業別の犯罪率においては、さすがに教員は他の職業に比べて最も低いが、風俗犯（実質わいせつ）だけは全職業の平均より高

く、懲戒処分を受けているだけでも毎年 200 名を超えている（交通違反、体罰等、全懲戒処分数は 5000 名を超える）。全教員数からすれば微々たるものであるが、社会の目は厳しい。さらに、懲戒処分に至らない教師の問題行動が、教育現場では多く取り沙汰されている。日常的には、教師の言動に多くの児童生徒学生たちが傷つき、つまずき、教職そのものに不信感を持ってしまう事例が多い。教師の人間的な側面に期待が大きいからである。教師が道徳教育に携わり、価値観形成を伴う子どもたちの人間教育に携わっている責任が問われている。

　教職課程の質保証が課題となっている今日、自らの大学から送り出す教師の資質能力の向上を目指して、「指導力不足」対応はもちろんのこと、教師としての人間的成長、人格形成の在り方を再検討したい。教師をめざす学生たちには、自らの生涯にわたる成長課題として、具体的に以下の課題を考えさせたい。①高いモラル、②誠実さ・責任感・熱意、③感動・共感する心、④心と身体の健康、⑤平和・人権・共生を尊ぶ心、⑥社会性：マナーとコミュニケーション・スキル、⑦優先順位のわきまえ等である。教師は、自分の専門教科の知識のみならず、一般教養、教職専門科目の素養が問われるが、何よりも人格、「人」としての豊かさ・暖かさ、広さ・深さが求められているからである。

目次／教師教育研究 33

I　研究論文

非大都市圏の教員が持つ「地元志向」に関する研究
──家族への規範意識を中心に

冨江英俊 (関西学院大学)

1.　はじめに──問題の所在と研究方法

　学校教員は、医師などと並んで、全国にくまなく存在する専門職であるが、大都市圏[1]と非大都市圏においては、教員という職業が持つ意味が変わるということが予想される。他の専門職が多く存在し、大企業も多くある大都市圏と比べて、非大都市圏においては数少ない専門職である。そのような土地で教員になる者は、志望動機として「子どもが好き」「教えることに興味がある」以外に、「地元でそれなりの地位や職業を得たい」という者もいることが考えられる[2]。このような志望理由は、時々体感的に語られることがあるが、理論的・学術的にはあまり分析されていない。本稿は、教育社会学という学問の研究分野の一つである、社会移動論を分析のベースとして、このような教員という職業の特徴に迫ろうとするものである。

　社会移動論からの分析枠組の詳細は後述するが、「人は誰でも高い地位や収入を得たいと望んでいて、その希望を実現するために、大都市に遍在する大学や大企業に進学・就職したいと思っている」という前提を、個人の進路選択をとらえるにあたって置くこととする。この前提は、個人によって濃淡があり、進路選択において最も大きな規定要因というわけではないが、この前提を完全に否定することは不可能である。誰でも大なり小なり持っているという意識であるといえよう。

　このような理論的ベースや前提のもと、本稿で焦点をあてるのは、非大都市圏の教員が持つ「地元志向」である。ここで「地元」というのは、教員が生まれ育った非大都市圏の場所である。出身ではない者が、自ら進んで非大都

市圏の教員になるケースも考えられよう。出身地ではない大学に進学して、そのままそこに残る者、自然が豊かなところで過ごしたいといった「I ターン者」などのケースが考えられるが、本研究の調査からしても、このようなケースはあまり多くないと推測できる。非大都市圏で教員に就く者は、多くがそこの出身者であると考えてよい。

「地元志向」の教員は、教員免許取得のために地元を離れ大学に進学し、地元に戻り都道府県で教員として就職したという地域移動のパターンを経験している者がほとんどであるが、大学選択をする際の理由としてどのようなものがあるのかを検討する。その上で、なぜ「地元志向」となるのかという理由について、家族への規範意識という面からとらえて考察していく。

研究方法としては、非大都市圏に勤務する現職教員と、教員として就職する直前の大学4年生を対象としたインタビュー調査を中心としている。調査対象地域・大学は、兵庫県北部に位置する但馬地域と、但馬地域の東隣に位置する鳥取県にある鳥取大学地域教育学科の学生である。詳しくは後に説明する。

2. 社会移動論からみた「地元志向」のとらえ方

(1) 階層移動と地域移動

最初に、「社会移動」という概念をおさえ、「地元志向」をどのようにとらえ得るのかを検討していくのかを考察する。社会移動 (social mobility) という概念は、ソローキンが1927年に著した『社会移動論』において、次のように定義されている。「社会移動とは、個人または社会的対象や価値—人間の行為によって創造されたり、もしくは加工されてきたあらゆるもの—の、ある一つの社会的地位から別の社会的地位への変化」というものである[3]。「移動するもの」としては個人に焦点をあてて考える。そのうえで「社会的地位」というのは何を指すのか。様々なとらえ方が考えられるが、最も研究が蓄積されているのは、職業である。世界的規模で行われている SSM 調査 (Social stratification and Social Mobility Research) において重視されたのが職業の移動であったからである。

　三浦（1991）は、SSM 調査の影響力が大きかっただけ、社会移動概念が限定化、矮小化されることになったと指摘し[4]、社会移動の基本的な軸として「階層移動」と「地域移動」との 2 つの軸を設定することを提唱した。地域移動とは居住空間を移動することとしている。すなわち、個人の地位について、職業と横並びで居住地をすえたのである。

　この両者は、実態として連動することがよく知られている。最も指摘されるのは、大学が大都市に偏在していることである。2018 年時点で、日本全国に 4 年制大学は 782 校あるが、そのうち東京都に 138 校、大阪府に 55 校、愛知県に 51 校が上位 3 都府県で、大都市圏に含まれる 10 都府県[5]には 419 校があり、全体の 53.6 パーセントを占めている。非大都市圏の高校生は、大学進学に際して多くの経済的負担がかかるため、どうしても大学進学に対して不利になることが言われている。そして、「大学を卒業しているか否か」が、その後の人生の地位や職業や収入を左右することは言うまでもない。従って、非大都市圏においては「地域移動をせずに地元に留まっていれば、階層的に上昇移動することも少ない。」という大まかな傾向があるといえる。

　この実態をどう評価するか（解釈するか）については、「不平等である」「教育格差である」という認識が一般的である。本人の努力ではどうしようもない「どこに生まれるか」という要因で、収入等の個々人のステイタスが決まるのはよろしくない、といった解釈である。しかし、この解釈には一つの前提がある。「すべての人が、社会移動をしたいと思っている」という前提である。社会移動とは階層移動と地域移動に分けると前述したが、確かに「より高い収入を得たい」という「階層的上昇移動」は、厳密には様々な議論の余地があるとしても、すべての人が持っていると考えて差し支えないであろう[6]。一方で、「地域移動したい」とすべての人が思っているとは限らない。今住んでいるところは、社会移動論においては一つの地位とみなせるが、その地位はそのままの方が良い、という者もいる。収入の高低のように、地域移動は上昇移動したのか、下降移動したのかはっきりとわからない。例えば非大都市から大都市に移動したら、たとえ収入が多くなるというメリットはあったとしても、知り合いと関係が途切れるといったデメリットもあるわけ

である。

　従って、階層移動としてはより高い収入を得たい、すなわち上昇移動をしたいという意識があるが、地域移動はしたくない、という者もいると言える。その者にふさわしい職業が、教員であると本稿では位置付けるが、その理由をデータを交えて次節で述べる。

(2) 非大都市圏における教員という職業のステイタス

　この点について、賃金などの統計的なデータから明らかにしよう。表1は、地方公務員の教育職（教員のこと。高等学校と小中学校に分かれる）と、地方公務員の一般行政職や企業就業者（大企業、中企業、小企業の規模別）の平均賃金とを比較したものである[7]。地方公務員である公立学校の教員は、同じ地方公務員である一般行政職よりも高く、また小中学校より高等学校の方が高くなっている。この差は、より専門性が高い者が、それに見合う報酬をもらっていると考えられる。

　民間企業との比較としては、中小企業より大企業の方が賃金が高く、教員の給与はその両者の中間に位置するが、どちらかといえば大企業に近いという結果となっている。

　この傾向をふまえたうえで重要であるのは、大企業がどこに立地している

表1　教員と民間企業との賃金の比較

	平均月額賃金
地方公務員　高等学校教育職	377.2
地方公務員　小・中学校教育職	359.8
地方公務員　一般行政職	320.4
大企業	383.3
中企業	318.3
小企業	293.6

単位：千円

出典：総務省統計局ホームページ「公務員の給与」、厚生労働省ホームページ「平成29年賃金構造基本統計調査　結果の概況」（URL は注7に記載）

表2　都道府県別の大企業就業者　上位5都府県と、下位5県

全国計　14,325,652			
東京都	7,628,071	佐賀県	19,755
大阪府	1,391,018	宮崎県	17,955
愛知県	912,383	奈良県	14,487
神奈川県	586,833	島根県	13,760
福岡県	346,490	鳥取県	6,113

出典：中小企業庁ホームページ（URL は注8 に記載）

かということである。**表2** は、大企業で働く約1,430万人の勤務地を都道府県で見たときに、最も多い5都府県と最も少ない5県を示したものである[8]。

約半数が東京都で、上位5都府県はすべて大都市圏になる。この5都府県だけで全国の労働者数に占める場合は75.8 パーセントとなる。一方、大企業就業者が少ない5県が同様に占める割合は、0.5 パーセントである。いかに大企業が大都市に集中しているかが、はっきりと示されている。従って、大企業が少ない非大都市圏においては、学校教員は中小企業より給与が高い、ステイタスが高い数少ない職業と言えるのである。

3. 教員の「地元志向」の要因

それでは、なぜ教員は「地元志向」になるのであろうか。本稿で焦点を当てるのは、「家族への規範意識」に関してである。「きょうだいのうち誰かは同居するか、近くに住むことにしてほしいと、親の希望があった。だから地元に戻った」「長男なので、先祖代々のお墓を守るため地元に戻った」などである。最初に、「家族」や「家」といった概念をおさえて、教師研究の先行研究においてそれがどう扱われているのかをみていくこととしたい。

(1)「家族」と「家」

最初に「家族」という概念から検討する。家族社会学においてもっとも多く引用されてきたとされる森岡清美の定義によれば、「家族とは、夫婦・親子・きょうだいなど少数の近親者を主要な成員とし、成員相互の深い感情的包絡

で結ばれた、第一次的な福祉追求の集団である。」としている[9]。一方の「家」については、「世代を超えた存続を希求される存在としての『家』に関わる規範や了解の体系。『家』存続の基盤となる家業や家産、家名、家計の永続を志向する。」[10]と説明されている。

　すなわち、「家族」は成員間の関係性といった実態把握に重点が置かれるのに対して、「家」は「超世代的な共同性や継承意識」といった意識の面が大きいのである。「先祖のお墓を守る」といった意識がその典型的な例である。農村社会の研究者として著名な鈴木栄太郎は「家族を集団とするなら、一人の家族というのはない。しかし、一つの精神である家は、一人の家も当然にあり得る」として、「家族」と「家」とを区別している。米村もこの区別を引き継ぎ、「『家』は現実の集団がなくても成り立つ。一人でも『家』の精神を持っていて、続いていくことを希求」されていれば、それは「家」とみなせるとしている[11]。

(2) 教師研究のなかの「家族」「家」

　続いて、この「家族」や「家」は教師研究において、どのように扱われているのかを考察する。最も多く出てくるのは、親が教員であれば本人も教員となる可能性が高い、ということで、多くの研究が明らかにしている（久冨(1994)、山崎(2002)など）。さらに家族に関して言及している研究として、太田拓紀の研究がある。太田(2008)は、教師の予期的社会化という文脈から、教師志望の大学生の将来意識は「家族重視」という特徴があることを示している。調査対象とした大学生を「教師志望」と「教師以外志望」とにカテゴリー分けし、教員志望者の特徴を明らかにしている。分析結果は以下のとおりである。教員志望の規定要因は、父親が教員、あるいはホワイトカラー層であるということがある程度は効いているとしながらも、最も大きな要因は、「将来目標意識」の違いであるとしている。大学生が将来に対して描く目標意識として「高い地位につく」「高い収入を得る」といった「立身出世」の意識は、教員志望者は他の業種志望者と比べて低く、逆に教員志望者の方が高いのは「幸せな家庭をもつこと」「両親やきょうだいを大切にすること」といった「家

族重視」の意識であるとしている。この指摘は本稿の問題関心からして、非常に示唆的である。「立身出世」は階層的上昇移動と大体は同じ意味といえるが、それとは違った要因として「家族重視」を挙げているのである。

　ここから分析を深めたものが太田 (2010) である。「再生産性」や「階層移動」の面で考えれば、教員志望者のうち、親が教員であるのは 17.3 パーセントとなっており、他の職業より「再生産性」が高いとしている。そして「親が教師である教師志望者」のうち、72.9 パーセントが長子で、多職の 40 〜 50 パーセントより割合が高いことを指摘し、その理由を次のように考察している。

　　　長子については、親が教師かに関わらず、教師志望者が多いことが以
　　前にも指摘されてきた。その理由について 1 つには、出身地の大学に入
　　学、卒業して生家を継ぐといった、伝統的家制度と結びついた長子の
　　キャリアパターンから推測されている。しかし、1970 年代の研究であり、
　　その解釈が現代において妥当性をもつかは疑問である。ただし、家産の
　　継承に関わらず、長子が家に残るべきといった規範が現在も教師に残存
　　している可能性はあるだろう [12]。

　仮説的な解釈ながら、家制度について言及していることは注目される。この家制度に関して、現職教員や教員志望者はどのような意識を持ち、それがどのように「地元志向」とつながっているのか。インタビュー調査によって明らかにしていくこととしたい。

4. 「地元志向」の事例

(1) 調査の概要

①調査対象地域の概要

　非大都市圏の地域の例として、本稿では兵庫県北部に位置する但馬地域を設定する。兵庫県は、旧国名にならって地域が分類されることが多いが、**図1** のように北部の 3 市 2 町が但馬地域となる [13]。兵庫県全体において、面積としては約 25 パーセントを占めるが、人口の占める割合は、約 3 パーセン

図1 兵庫県の地域区分

トに留まる。全体として、少子高齢化が進んでいる地域であるといえる。兵庫県は、47都道府県をデータで比較する際には、大都市圏に入れることが普通である。県庁所在地である神戸市をはじめ、新幹線が通る県南部はおおむね大都市圏と考えてよいであろう。しかし、但馬地域から神戸市に移動するのにかかる時間は、特急電車でも車でも、だいたい2〜3時間程度で、毎日通勤通学するのはほぼ不可能という距離である。同じ県でありながら、但馬地域は非大都市圏になるとみなせる。

この距離は、4年制大学へのアクセスとも大いに関連する。兵庫県内に、阪神地区私立大学教職課程研究連絡協議会(阪神教協)に加盟している4年制大学は24校あるが、各大学の本部があるところをプロットすれば**図2**のようになり、県南部に偏在していることが明確である[14]。但馬地域内には短期大学が1校あるが、4年制大学は一つもなく、通学可能な4年制大学も基本的にはないということになる。

一方、但馬地域は西側を鳥取県と接している。**図3**からわかるように、但馬地域の中心地である豊岡市から、鳥取県の県庁所在地である鳥取市までは、神戸市より近い。但馬地域の西側の一部は、鳥取県まで通勤通学も可能となっている。但馬地域から最も地理的に近い4年制大学は、鳥取市内にある地方国立大学である鳥取大学となる。従って、但馬地域を調査するにあたって、

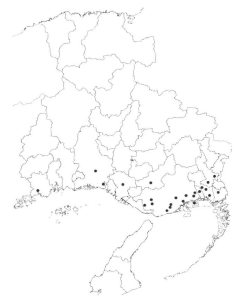

図 2　阪神教協 4 年制大学の加盟校の本部所在地

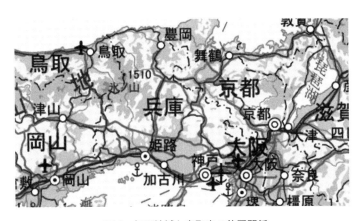

図 3　但馬地域と鳥取市の位置関係

国土地理院のホームページから作成

鳥取大学の存在は大きいと考えたので、鳥取大学の教員志望の学生を、調査
対象とした。

②調査対象者の概要

　本稿でインタビュー調査の対象者としたのは、但馬地区の県立高校の教員
5名と、鳥取大学の4年生の学生9名である。前者を「但馬調査」、後者を「鳥
取調査」とする。調査の概要は、**表3**のとおりである。

　調査対象者の選定方法については、以下のとおりである。「但馬調査」に
おいては、調査の趣旨を校長先生にお伝えし、対象者としてふさわしい先生
を5名選出して頂いた。「鳥取調査」においては、小学校教員を多く輩出す
る学科[15]において、4年生の後期開講の「保育・教育実践演習(幼・小)」の受
講者から、ランダムサンプリングを行い、対象者を決定した[16]。この科目は
教員免許状取得に際しての必修科目であることから、対象者は教員免許取得
予定者に限られることになる。卒業間際の学生であるので進路は決定してお
り、インタビューを実施した9名のうち1名は教員以外の職業に就くという
ことで、分析からは除外した。

　以下のインタビューデータの記載において、「但馬調査の対象者」は「T1〜
T5」、「鳥取調査」の対象者は「S1〜S4」と記号で表記する。同じ記号の者は
同一人物である。また、データのなかで匿名とする必要がある箇所は、実際
には固有名詞が出ているが、〈地元の県〉というように、変換して示している。

　なお、「但馬調査」については、インタビューデータを活字として公表する
際には、対象者本人の了解を頂くという条件のもと、調査を実施した。本稿

表3　「但馬調査」「鳥取調査」の概要

調査名	調査対象者	対象者を表す記号	調査時期	調査項目	調査時間
但馬調査	兵庫県立A高校の教員5名	T1〜T5(対象者5名全員)	2018年12月	・教員志望の理由・大学進学時、大学卒業時の地域移動とその理由・家族についての意識	1人あたり30〜60分
鳥取調査	鳥取大学地域学部地域教育学科の4年生9名	S1〜S4(対象者9名のうち4名)	2017年11月〜2018年2月		1人あたり30〜40分

に載っているインタビューデータも、すべて対象者本人の許可を頂いている。

(2) 地元志向の実態
①社会的地位に関する意識
　非大都市圏において、教員の地位が高いことは先に述べたが、当事者である教員たちは、どれ程それを認識しているのであろうか。「但馬調査」の教員2名と、「鳥取調査」の学生1名の意識を取り上げる。

　T1：恵まれているといえば、恵まれている。(配偶者と)2人公務員で働いていると、恵まれていますし、物価とかそういうことで言うと、阪神間[17]で暮らすより恵まれた暮らしが出来るかな、と。阪神間でいる時と、公務員の地位って全然違うなっていう気はしますし。〈配偶者〉も、但馬でも山間部の方なんですけど、「学校の先生」っていうと、〈配偶者〉の実家に行った時なんかは、「おっ、先生！！」っていうような言われ方をするので。そんなことは阪神間では絶対にないので。

　T2：経済的には、なかなかこんだけは頂けないかなとは思ってますし。同級生とか、そのまま地元に住んでいる人とかと比べても、まあ、ゆとりを持って生活は出来ているかなという気はします。

　私：先生に(なろう)と思った動機で、とってもいい先生に出会ったというのはさっき聞きましたが、こういうのないですかね、〈地元の県〉で一番安定してる職業が地方公務員とか学校の先生とか。そういうのはどうですか。
　S1：バリバリありますね。安定。中学校の友達で東京に行った子は、なんか変わったことをしたり、命がけみたいなことをしてて、私はそういうのはようせんなと思って。
　私：命がけというのは？
　S1：声優を目指してたりとか。安定じゃない感じの方面を目指してたりと

か。起業したりとか。すごいなあと思いつつ自分は絶対せんという。

「尊敬されている」「収入が多い」「安定している」といった意識を持たれていることがわかる。伝統的な教員という職業に対する意識であるが、非大都市圏では特に顕著であることが推測できる。

②大学進学に伴う地域移動

　まず大学進学時の地域移動についてみていく。「但馬調査」の教員2名と、「鳥取調査」の学生1名の事例を紹介する。なお、ここで取り上げる「鳥取調査」の対象者S2の出身地は、鳥取や但馬ではない非大都市圏で、自宅から通学可能な範囲には4年制大学はないとのことであった。

T2：〈関西の政令指定都市〉にあるY大学です。国公立大学を目指していたんですけど、センター試験で思うように得点できず、私立大学をもっとたくさん受けないと、という話になって、そこから出せる（出願出来る－引用者注）ところになりました。教員になることはそこまではっきりとは考えていなかったんですけど、やっぱり教員免許が取れる大学には行こうと思いました。

私：〈関西の政令指定都市〉にあこがれがあったとかは？

T2：それはあまりないですね。近畿圏、車で2，3時間で行けるところであればという感じだったので。

T3：Z大学（地方国立大学。県名と同じ名称の大学）教育学部です。姉が私立に行ったので国公立で行けるというところで、Z大学にしました。

私：Z県にご縁があったというわけではなく？

T3：特にはないです。

私：じゃあ、センター試験の点数とかで。

T3：そうですね。

私：鳥取大学地域学部を志望して入学した理由は？

S2：小学校の教員免許を取りたくて、それが取れる大学ということと、セ
　　ンター試験の点数があまりよくなかったので、2次試験の配点が大き
　　いところ。で、ここの後期入試が総合問題、英語とか苦手だったので、
　　そういう科目で入れるのがいいなと思いました。

私：第一志望は別のところだったのですね？

S2：先生に言われて、〈隣りの県〉の地方国立大学でした。全然私の意志
　　ではなくて。薦められて、言われるまま受けました。

私：〈地元の県の国立教育学部〉とか、関西の大学は考えなかったですか？

S2：〈地元の県〉は出てみたいなという気持ちがあって、〈自県の国立教育
　　学部〉は受けなかったです。関西の大学も入れたらよかったんですけ
　　ど、国公立と考えていたので、ちょっと私の学力では入れなかった
　　ので。

私：関西で、私学で小学校免許が取れるところは考えなかったですかね？

S2：うーん、ちょっとは考えたんですけど、なんか私学に行くっていうの
　　が、まあ家のこともありますし、私学に行く人は指定校推薦の人が
　　多くて、やっぱり私は受験で、それとは違う風に、国公立を受けて
　　いきたいなと。

私：つまり、経済的なことと、指定校推薦の人と一緒は嫌だなと。

S2：そうですね。

　以上の事例をまとめると、国立大学でも私立大学でも、自分の学力にあっ
た行けるところに行く、大学の立地はあまり関係ないという傾向がみてとれ
る。大雑把な言い方をすれば「どうせ下宿するのであれば、『最も近い、少
しでも近い大学』というより、『そこそこ近くて学力にあった大学』を選ぶ」
という形である。もし、「最も近い、少しでも近い大学」を但馬地域の教員
志望者は選ぶということであれば、進学するのは鳥取大学か、（自宅からの通
学はほぼ不可能だが）同県内の兵庫教育大学が多くなるのだが、実態はそうは
なっていないと推測される[18]。

　このような教員志望者の大学進学に伴う地域移動は、大学進学者全体の中

では特徴的なものである。大学進学に伴う地域移動については様々な先行研究があるが、喜始(2015)は、非大都市圏出身者の高校生の進学先としては、出身地に定着するか都市部に移動するかが多く、出身地以外の非大都市圏に移動する者は少ないことをデータで示している。しかし、教員志望者は、「教員養成系(教員を多く輩出している)学部・学科であるのか」ということが大きいので、非大都市圏から別の非大都市圏へ、独特の地域移動のパターンが多くなるのであろう。

　③大学卒業に伴う地域移動

　続いて、大学卒業後の進路に伴う地域移動について考察する。「但馬調査」「鳥取調査」ともに、大学の所在地に留まることはなく、自分の地元の教員採用試験を受験して地元に帰った者が大半であった。但馬調査においては全員が兵庫県出身であり、鳥取調査においては、対象者9名のうち鳥取県出身者は1名、鳥取県で教員となる者は2名と少ない。

　これこそが、教員の「地元志向」そのものだと言ってよい。この「地元志向」の傾向は、大学生一般の就職に伴う地域移動とは大きく異なる。リクルートキャリア就職みらい研究所が2018年10〜11月に、就職先が確定している大学生2967人に行った調査によれば、首都圏(埼玉県、千葉県、東京都、神奈川県)の大学を卒業した者のうち、86.9パーセントは首都圏に就職する。同様の数値を他の大都市圏で算出すると、京阪神(京都府、大阪府、兵庫県)で60.3パーセント、東海(岐阜県、静岡県、愛知県、三重県)で72.5パーセントとなっている。これらの都府県に4年制大学が集中していることは言うまでもないので、いかに多くの大卒者が大都市圏で就職するのかが伺える。

　④「家」「家族」に対する意識

　それでは、なぜ教員志望者は大卒者であるにも関わらず、地元に戻ろうとするのか。本稿での分析の視点は、「家」「家族」に関する理由である。「家族」については次のような事例が典型的である。

　私：講師になるのは、どこでやられるのですか？
　S3：〈地元の県〉です。

　私：地元でやりたいということですか？

S3：大学で学んで行くなかで、地域教育とか学んでいく中で、その土地の
　　　知識は必要なのかなと感じたので、できれば地元と考えています。

　私：鳥取というのは考えなかったですか？

S3：考えなかったですね。

　私：どういう理由でですか？

S3：うーん、なんか、土地柄的にはすごい好きなんですけど、両親、特に
　　　母親が帰ってきてくれと言っていて。

　つまり、大学のある地域が嫌いではないが、それ以上に地元に帰る必要が
あったということである。S3 は非大都市圏出身者であるが、もし大都市圏
出身者であれば、出身地に戻ろうと思ったら大学卒業の学歴に見合う職業は
いくらでもある。先に 2. の表 2 で見た通りである。しかし、非大都市圏出
身者であるが故に選択肢が少ないために教員を選んだ、と本稿の分析枠組み
からは解釈出来る。

　次に、「家」についてである。「家」に対する意見は、調査項目として掲げ
ているので、多くの意見が出された。典型的な例として、「但馬調査」の教
員 2 名と、「鳥取調査」の学生 1 名の回答を取り上げる。

　私：先生はご長男でいらっしゃるので、やっぱり自分が戻らなきゃとか。

T4：親とか家族がそういうことを言ったことは一度もないんですけど、ま
　　　あ、醸成されてくるんでしょうね。

　私：あー、誰が言うわけでも無いんだが、もう……

T4：そうですね。

　私：そのへんを研究しているんですけど、私……

T4：あのー、これが解かどうかはわからないですけど、私が感じるのは、
　　　場所にもよるんですけど「墓」じゃないですかね。

　私：あ、お墓ね。

T4：土地は資産価値がゼロなんで。田んぼもあるんですけど耕作放棄地

になってますし。家も大きな、面積だけは大きなのがあるんですけど、資産価値は、売れないですから。となると、墓だけは移動できないですね。子どものころから墓参りはきちっとさせられてましたので。あれが、否定的にとらえれば、大きなプレッシャーの効果があったんでしょうし、よくとらえるならば、家を引き継いでいくための一つのキーなのかなと。

私：先祖代々但馬にいらっしゃると。

T5：僕が10代目ですかね。

私：ほー、そういうのがあるんですか。

T5：はい、家系図とかも見せてもらいましたし。

私：本家、分家の交流があって、正月とかにみんなで集ると？

T5：うーん、ずいぶん希薄になってきました。

私：それでも帰って来てくれと？

T5：うちの母屋が、もう築90年を越えているんですかね。その家に今父親が暮らしているんですけど。父親のきょうだいからも「この家を守ってくれ」というようなことを言われまして、まあ昔商売をしてたんですよ。戦後祖父が商売をはじめまして、その家でそのすべてが完結していたというか、生産活動も行い、生活も行い。なので、みなさん家に対する執着心というのは、非常に強いなぁと思ってました。

私：長男だから、介護とか家、土地、墓をある程度意識されているという。

S4：祖母がまだしっかりしていた時には、家を継ぐんだぞみたいな話をいっぱい受けてましたね。両親が共働きというのもあって、だいぶ育児の方とかを祖父母の方に委託していた関係もあって、小学校の低学年ぐらいまでは、祖父母からもろに影響を受けてましたね。で、その時にね、もう家の話だとか、分家のポジションなんだよとか、こういう地域に住んでるんだよとか。お墓のとこにも連れて行かれました。ここには誰々の墓があって、こっちに親戚の墓があって、っ

　　ていう話をもう墓参りの度にしきりにされていたので、もう染みつ
　　いてますね。おそらくその家の意識っていうのも僕の中で強いんだ
　　と思います。ちょっと嫌だなと思いつつも、小さい頃から受けてい
　　るので。あんまり僕としても好きじゃないけど、仕方ないのかなと
　　思います。

　「家屋」「土地」「お墓」といったものに、強い意識を持っていることがみて
とれる。「家」に関わる伝統的な事項が多く出てきた。先行研究として取り
上げた太田の「家族重視」という教員の意識をさらに掘り下げた、「『家』に価
値をおく意識」ととらえることが出来よう。

4.　結　語

　ここまで、非大都市圏の「地元志向」を「家族への規範意識」という面を中
心に考察した。家族からの働きかけが強く、「家」「土地」「お墓」といったも
のに価値をおき、自宅から通える4年制大学はないので「そこそこ近い」大
学に進学し、自分の出身地で教員になる。大都市に出て階層的上昇移動を目
指すという意識は少ない。このような教員像が浮かび上がった。アンケート
調査などの量的調査ではないので、このような志向を持つ教員がどれだけい
るのか、どれだけ一般性がある知見なのかは、本稿の調査からは明らかに出
来ない。しかし、教員を扱った先行研究の知見とも合わせて考えるに、高い
収入や地位を得られる大企業が少ない、非大都市圏の教員の一つの特徴とし
て認められることは、指摘されてよいであろう。

　このような「家族への規範意識による地元志向」が、良いことなのか悪い
ことなのかという価値判断については、本稿の考察では扱っていない。「家」
を研究している米村も指摘しているところであるが、「家」に焦点を当てた
考察を行うことと、「『家』制度は大切だから、未来に残していくべきだ」と
唱えることは、重なりあう面があることは否定しないが、基本的には別の次
元の話と考える。実態分析のレベルと、「こうあるべきだ」という主張のレ
ベルは、ひとまず分けて考えることが適切である。

　最後に、本稿について残された課題について述べる。本稿での考察は、教育社会学、とりわけ社会移動論に乗っ取った様々な前提の上で行われている。大学進学、卒業に伴う地域移動をはじめとして、人口移動のマクロデータを扱うことや、「家族」「家」を考えるにあたって性差（男女での違い）をとらえることなどが、さらなる分析として考えらえる。社会移動論と教員に関する研究とがクロスオーバーした研究は、これまであまり蓄積にされてこなかったので、地域移動を促すさらなる要因を探り、教員の地域移動のモデルをより精緻化していくことが求められているといえよう。

付　記

　本稿は、全私教協第 39 回研究大会（2019 年 5 月 26 日）で筆者が行った発表「非大都市圏の教員が持つ特徴—兵庫県但馬地域を事例とした志望理由や社会的地位等からの考察—」から加筆したものである。

注

1　本稿では「大都市圏」を厳密に定義することは行わないが、おおむね首都圏、関西圏、中京圏の「三大都市圏」と同義である。関西圏の一部である兵庫県は、調査対象地域で、県の詳細について、後に詳しく述べる。

2　教員志望者においては、ここに挙げた以外にも様々な志望理由があるであろう。本稿では「地位や収入」ということに焦点を当てるのだが、それが「最も大きな理由である」ことを明らかにしたいわけではなく、「最も大きな理由であるべきだ」と主張したいわけでもないことを付記しておく。

3　三浦（1991）、p.25。

4　三浦（1991）、p.27。

5　埼玉、東京、神奈川、千葉、岐阜、愛知、三重、京都、大阪、兵庫の 10 都府県である。なお、このデータの出典は文部科学省の学校基本調査である。

6　抽象的な議論になるが、精神的、内面的に豊かであれば、地位や収入の高い低いは関係ないという立場はあり得るだろう。何らかの宗教団体に属して共同生活を送っているという者がその一例と考えられる。そのような例があることを指摘しつつ、ここでは「みんなが収入や地位を欲している」という単純な前提を置くことにしたい。

7　総務省統計局ホームページ　「公務員の給与」http://www.soumu.go.jp/main_content/ 000523740.pdf、2019 年 10 月 31 日アクセス。

厚生労働省ホームページ　「平成 29 年賃金構造基本統計調査　結果の概況」https://www.mhlw. go.jp/toukei/itiran/roudou/chingin/kouzou/z2017/index.html、2019 年 10 月 31 日アクセス。データは両調査とも 2017 年である。賃金とは、給与から手当を引いた金額。民間企業と公務員の給与を比較することは厳密には難しいが、大まかな傾向として考えることとしたい。なお、中小企業の定義は、業種によって異なるが、この調査では中小企業基本法による区分となっていて、以下の通りになっている。「ア　製造業、建設業、運輸業その他の業種：資本金 3 億円以下又は常用雇用者規模 300 人以下　※ゴム製品製造業は、常用雇用者規模 900 人以下」「イ　卸売業：資本金 1 億円以下又は常用雇用者規模 100 人以下」「ウ　サービス業：資本金 5000 万円以下又は常用雇用者規模 100 人以下　※ソフトウェア業、情報処理・提供サービス業は、資本金 3 億円以下又は常時雇用者規模 300 人以下　※旅館・ホテル業は、常時雇用者規模 200 人以下」「エ　小売業：資本金 5000 万円以下又は常用雇用者規模 50 人以下」

8　中小企業庁ホームページ　http://www.chusho.meti.go.jp/koukai/chousa/chu_kigyocnt/150129 kigyou.pdt、2019 年 10 月 31 日アクセス。

9　渡辺 (2012)、p.183。

10　『現代社会学事典』において「イエ社会」と「家制度」の 2 つが記載されているが、ここでは「家制度」の項目 (米村　2012) からまとめた。

11　米村 (2014)、p.30。

12　太田 (2010)、p.74。

13　図 1 は、兵庫県教育委員会但馬教育事務所『但馬地区の教育の概要』(https://www.hyogo-c.ed.jp/~board-bo/iinkai/i-kaigi/shiryo/2906/2906h.pdf、2019 年 10 月 31 日アクセス)、p.1 より引用した。なお、図 1 の地域区分は、兵庫県の教育事務所の管轄区分によるものである。

14　各大学の本部がある地点をプロットしており、別キャンパスがあるところは省略しているので、実際は 4 年制大学が存在する市町村はもう少し増える。また、兵庫県内に国立大学は神戸大学や兵庫教育大学があり、公立大学は兵庫県立大学があるが、おおむね本図で示した阪神教協加盟校と同じような地域的な分布である。

15　鳥取大学において教員を多く輩出している学部・学科として現時点で存在するのは、地域学部地域学科人間形成コースであるが、2017 年度に改組される前は地域学部地域教育学科であった。今回のインタビュー対象者は、この所属となっている。

16　ただ、一定数の人数を確保するため、サンプルに該当した者が断った場合は、別の学生に依頼したという形を取ったので、調査の趣旨に同意した学

生が集まっているという傾向は認められるであろう。

17　ここでいう「阪神間」とは、おおむね大阪と神戸の間の地域のことを指す。

18　但馬地域から鳥取大学への進学者の実際の人数を把握するのは難しく、また調査対象者の回答結果を保護するという面からもオープンにしにくいものがあるが、「但馬地域出身で、鳥取大学に進学する」という移動パターンは、「但馬調査」「鳥取調査」の双方で、あまり多くはなかったようである。

参考文献

伊藤敬　1979　「教育学部学生の職業的社会化に関する一考察―予期的社会化におけるインフォーマルな社会関係と教育実習の二側面について」『静岡大学教育学部研究報告 人文・社会科学篇 (30)』、pp. 99-119.

喜始照宣　2015　「進学・就職に伴う地域間移動のパターンとその推移―第7回人口移動調査の分析による検討」労働政策研究・研修機構『JILPT 資料シリーズ No.162　若者の地域移動 ―長期的動向とマッチングの変化―』、pp.12-45.

久冨義之編　1994　『日本の教員文化　―その社会学的研究』多賀出版

三浦典子　1991　『流動型社会の研究』恒星社厚生閣

太田拓紀　2008　「教師志望の規定要因に関する研究―大学生の家庭的背景に着目して」

『京都大学大学院教育学研究科紀要』(54)、pp. 318-330.

太田拓紀　2010　「教職における予期的社会化要因としての「親＝教師」の分析：親が教師であることの教職選択に及ぼす影響とその家族関係の特質」『日本教師教育学会年報』(19)、pp. 68-78.

リクルートキャリア就職みらい研究所　2019　『大学生の地域間移動に関するレポート 2019』(https://data.recruitcareer.co.jp/study_report_article/20190130001/ 2020 年 2 月 29 日アクセス)

山崎準二　2002　『教師のライフコース研究』創風社

米村千代　2012　「家制度」大澤真幸・吉見俊哉・鷲田清一編『現代社会学事典』弘文堂、p. 40.

米村千代　2014　『「家」を読む』弘文堂

渡辺秀樹　2012　「家族」大澤真幸・吉見俊哉・鷲田清一編『現代社会学事典』弘文堂、pp. 182-184.

Ⅱ　実践交流記録

学校における多職種連携の考察
——ジョン・デューイのコミュニケーションの視点を踏まえて

齋藤眞宏（旭川大学）

1.　はじめに

　子どもたちは情報化・グローバル化といった社会変化のために予測不可能な社会を生きていかなければならず、そのための資質能力を学校教育において磨く必要があるとされている。同時に地球温暖化をはじめとする環境問題や超のつく少子高齢化、地方の衰退、子どもの貧困など社会や学校が抱えている課題も複雑かつ多様化している。学校の「働き方改革」も待ったなしである。2013 年の OECD の第 2 回国際教員指導環境調査（TALIS）[1] おいて日本の中学校教員の労働時間は、週平均 53.9 時間と世界最長（OECD 2013）であった。文部科学省や各教育委員会が各種対策を実施したものの、第 3 回の2018 年には 56.0 時間、小学校教員は 54.4 時間で共に世界最長であった（OECD 2018）[2]。

　中央教育審議会の答申では「チームとしての学校」の背景として、①子供たちが、新しい時代において求められる資質・能力を育む教育課程を実現するための体制整備、②複雑化・多様化した課題を解決するための体制整備、③子供に向き合う時間の確保等のための体制整備をあげている（中央教育審議会 2015）。これは「働き方改革」や地域・社会との連携とも相まった重要な「教育改革」である。

　しかしこれまで学校においても事務職員、図書館司書、栄養士や調理員、用務員（あるいは校務員）など様々な職種の人々が働いてきた。それでは学校は教員とは異なる専門性を持つ人たちと協働してきたのだろうか。例えば横浜市日枝小学校校長の住田（2019）が関わったワークショップでは「教員の人

間性の向上　教員と事務職員のコミュニケーション（が必要）」「事務職から見
て（学校の）慣習を変えられる？」「事務職さんの頑張りをイベント化しよう」
という意見が挙がっていた。つまり教育職と事務職の協働はできていない
のではないか。学校文化において「学校は教員という一つの職種のみで構成
されるという通念が、実践的にも研究的にも支配的」（木岡 2016、p.10）なのだ。
そのような環境で、学校長のリーダーシップのもとでどのように「教員と多
様な専門性を持つ職員が一つのチームとして、それぞれの専門性を生かして、
連携、協働」（中央教育審議会 2015、p.12）するのか。

　本稿では、多職種連携は民主的な学校づくりにもつながるということも指
摘したい。80 年代以降進行した新自由主義的改革は、いつの間にか社会格
差を拡大してきた。社会的な不確実性やリスクの増加、さらに経済的格差や
地域格差などから生じる社会の分断は、戦後社会の基盤であった民主主義へ
の人々の諦念やシニシズムを強化している。そして学校においては子ども個
人の「意欲」や「能力」や家庭の教育力・経済力に多くが転嫁されてきた[3]。一方、
学校生活ではしがらみで自由にものは言えない[4]。だからこそ異なる目標や
価値や考え、技術をもつ人たちが「対話」を基盤とした連携を進めていくこ
とは、子どもたちにとって「働き方改革」以上の可能性を持つのではないか[5]。

　児童や生徒、保護者との関係を始め、学校の仕事の多くは人と関わること
である。だから「できなければ自己責任」や単純な数合わせではなく、様々
な生活背景や専門性を持つ人々が良好な人間関係のもとで働く環境づくりこ
そが学校での「新しい時代の働き方」である。そしてその様な学校は子ども
たちの多様な価値観や考え、学びを保障できるより民主的な環境になる。本
稿ではデューイの「コミュニケーション」の概念を借りて、多職種連携の運
営する上での「原則」について理論的考察を試みたい。

2.　ある医療者の体験から

　専門職による多職種連携は決して簡単ではない。ある医療者から聞いた話
である。その医療者はある子どもを担当していた。新年度になり学級担任が
代わった際には、新担任は必ず病院に来て、説明を一生懸命に聞いてメモし

て帰っていく。しかし「ただそれだけ」だった。最初は学校との連携を期待していたものの徐々に「（学校の先生には）余計なことをして欲しくはない」という意識に変わっていったという。当初はその子の学校での状況を教員に聞きたいと思っていた。保護者を通じて、その子どもの学校生活の様子は知ることはできた。（一度、担任からの手紙を見せてもらえたこともあった。）しかし担任の先生の質問は、専門的知識がないからか、見当違いのことが多かった。外部から学校組織はわかりにくく、誰に電話すれば確実に話が繋がるのかがよくわからなかった。また双方に守秘義務があるから、どのように情報共有をすれば良いのか、そもそも学校と医療機関の情報共有自体が意味あるものなのかもよくわからなかった。さらに医療機関も経営を成り立たせなければならないから「わざわざ学校に行く余裕」はなかった。「もしかしたら（連携を）やったら何かあったのかもしれない」しかし「（医療的には）何とかなった」。

　神奈川県立総合教育センター（2007）は青少年センター、児童相談所、神奈川県警との連携協議から見えた課題として「それぞれの立場の専門家が、自分の立場を主張しながら調整していけるチームを。そのためには、専門家同士が話せる"共通言語"が必要」(p.2) と述べている。またスクールカウンセラー（SC）と教員の協働について研究した荊木、淵上、古市(2014)はSCや教員・管理職の協働意識やスキルを養成する必要性を指摘している(p.11)。安宅(2016)は具体的に「チーム学校」の4つの課題を挙げている。それらは①チーム学校のビジョンの共有の困難さ、②日本の教師が学校において包括的な役割を担ってきたことに対する問い直しの必要性、③チームの構成員の地位（雇用形態）の非対称性の克服、④市町村と都道府県教育委員会や首長部局も含めた包括的な子ども支援体制の整備である(pp.226-227)。多職種連携には異なる専門職間のコミュニケーションとともに、それに対する意識・スキルの向上、そしてそれらを可能にする組織文化の確立が必要なのだ。

　先述のエピソードを当該医療者と教員の問題、あるいは当該医療機関と学校の問題と矮小化してしまうのは安易である。医療者と教員も連携の必要性への意識はだいぶ高まっているし、学校と医療が十分に連携している地域も昨今増えてきた。しかし「すれ違い」は決して少なくない。上記の例でも学

校そして医療をはじめとする専門機関が異なる分野の専門職と繋がらないという構造的な問題が背後にある。その結果、割りを食うのは一番立場の弱い子どもたちである。

　中央教育審議会の答申では「チームとしての学校の在り方」の3つの視点のうち「専門性に基づくチーム体制の構築」において「教員も専門スタッフも『チームとしての学校』の一員として、目的を共有し、取組の方向性をそろえることが今まで以上に求められ」「相互に十分なコミュニケーションを取ることができるようにする必要がある」(p.15) と述べられているが、どのような方向性が考えられるのか。

3．デューイからの学び：学校における多職種連携のために

　デューイの子ども中心主義、そして民主主義の教育の基盤には「共同体」と「公共性」が展望されている。動物は環境に順応して個として生存を続け、種として存続していくことを目指す。しかし人間は環境に働きかけて経験し、省察的思考を基盤とした探求から意味を生成していく。その過程において個人と他者は相互行為を通じて分かち合い成長し、個人的生命を社会的生命につなげていくのである。つまり個人とは生まれた瞬間から社会的環境からの影響を受けながら、同時に影響を与えながら，構築されていく可変的存在である。

　個人的生命を社会的生命につなげていくための一つの場が学校である。デューイ (1976[1899]) はその学校と社会の深い関係性について指摘している。また教育哲学者でデューイの研究者でもあるガート・ビースタ (Gert J.J. Biesta) は民主主義と教育、特に学校教育との関係性について言及しているが、教師から何を教えられるのかは、子どもたちにとって重要であるものの、学びの環境からより多くを学ぶと指摘している。つまり民主主義のための学校 (schooling for democracy) は民主的な学校 (schooling through democracy) を通じて実現される (Biesta 2006, pp.124-125)。もし社会が民主主義を大事にしていくのであれば、学校は民主的な環境であるべきだ。子どもたちがよりよく生きていくためには、他者と有意に関わりながらギブアンドテイクの体験を積み成長し

ていくことが必要である。もし学校が異なる人たちの協働が自然に行われる民主的な環境であれば、子どもたちはそこから学ぶ。そしてさらにお互いに個性や強みを生かしながら、教育活動に参画しより豊かに人間性を発展させていけるのではなかろうか。同時にそのような経験をして成長した子どもたちはより民主的な学校、そして社会を構築していくことができる（Biesta 2010, p.108）。教師をはじめ多様な専門職の協働はそのような民主的な学校を構成する一つの要素であろう。

　ここではデューイの教育思想において重要な概念であり、かつ多職種連携に示唆を与える更新とコミュニケーション、学校教育について整理する。

(1) 更　新

　デューイの思想において更新という概念は重要である。生命はより強い力によって押し潰されることもあるが、自らに作用するエネルギーを利用してさらなる存在になれる（Dewey 1980[1916], p.4）。生命は環境から受け取るエネルギーをただ自己の生存のために用いるのではなく、その生命が属する環境の発展のためにも用いる。生命もその周囲の環境も発展するのである。これが「更新」である。

　「更新」は社会が存続していくためにも必須とされる。なぜならば社会を構成するメンバーは生まれては死んでいくからである。社会の存続のためには新しい構成員、つまりその社会の未来を支える人々に対して、古い構成員がその社会における理想や希望、期待や規範や意見を伝達していかなければならない。新しい構成員はそのようなコミュニケーションから社会における共通性を習得していく。この共通性が、人々の考えを発展させ、意見交換を生み、同じような感情の動きを生じさせる。デューイの考える社会とはこのような共通性によって結ばれている人々である。このような営みが「社会という織物を不断に織り直すことを可能にする」し、これがなければその集団は「その特徴的生命を中止する」（Dewey ibid, p.6）ことになる。この個人的生命と社会的生命の「更新」のための基本的営みが教育となる。

　デューイは、個人の行為は信念に基礎づけられなければならないと考える。

個人の善を「共通善」につなげること、つまり「自己および他人にとって共通の利益を実現する個人と社会に対する信仰」(行安 2010、pp.26-27) を彼は抱いていた。

(2) コミュニケーション

デューイは教育の基本にコミュニケーションを置いた。そして「すべての物事のなかで、コミュニケーションが最も素晴らしい」(Dewey 1981[1929], p.132) と述べる。彼にとってコミュニケーションとは個人が別の誰かに情報を伝えることではない。情報の送り手と受け手がいるというモデルではないのだ。また社会によく見られる場の空気を読んで人を笑わせたり、気の利いた返しをしたりといった表面的なやりとりに終始したりすることでもない。デューイにとって「何世紀にもわたって哲学が扱ってきた精神、意識、思考、主体性、意味、知性、言葉、理性、論理、解釈、そして真実といったものは、コミュニケーションの結果として生じる」(Biesta 2013, pp.26-27 ＊強調は筆者) のである。

デューイ (1980 [1916]) はコミュニケーションについて端的に「互いに共感できる状態になるまで経験を共有する過程」(p.12) と述べている。そして経験の共有のために自分の持っているものを共有するために、他者について想像することを重要視した。つまり教育とは「経験の分かち合いの過程」であって「教え込み」や「直接的影響」ではないとする (Dewey ibid, p.22)。その分かち合いの過程についてさらに以下のように述べている。

> コミュニケーションの受け手は拡大され変化された経験をする。他の人の考えたこと感じたことを共有すれば、これまでの考え方や態度を多少とも変えることになる。もちろん話し手の方も影響を受けないでは済まない。(略)経験はコミュニケーションのために公式化 (formulate) されなければならない (Dewey ibid, p.8)。

「公式化」とは次のようなものである。例えば A が B に何か働きかけたとする。その際に B (受け手) の理解とは「その物事に対して A の立場から反応

する」つまり「（その物事が）自分中心の観点ではなく A の経験のなかで作用しているように」知覚して自分の行動を調整すること（Dewey 1981[1925], p.141）である。一方で A（発信者）の理解とは「自分自身との直接的な関係性においてその物事を知覚しているだけではなく、むしろ B によって把握され扱われることができるものとして知覚しているのである。彼はその物事を B の経験の中で作用しているものとして見る」（Dewey ibid, p.141）ことである。

　つまり公式化とは自分の観点を離れて相手の観点を推し量りながら調整・修正することである。B は A の行動や発する音の意味に対して、A の観点と自分の観点を調整しながら対応する。同時に A もまた自分の意思を伝えようとしながらも B の状況や観点と調整しながら対応している。例えば先ほどの A と B が同じ部屋にいるとする。A は「B のことだから、花が元気ないのに気がついているだろうな」、また同時に「B はこの状況を踏まえて、このぐらいのことはやってくれるそうだ」などと、B がどのようにこれまでの経験や知識を活かして、この場面を把握し行動を起こそうとしているのか想定しながら「その花をとって」と声をかけるのである。一方で B は A が何か自分に求めそうな雰囲気を察しながら、（これまでの状況から）「あぁ、きっと花が元気ないのを A は気づいていて、きっと水をやりたいのだな」「（何となく忙しそうだから）花を取ってあげるか」などと今度は A の視点からこの状況を読み取りながら行動するのである（Dewey ibid, pp.140-142 を参考にした）。

　デューイにとってコミュニケーションとは人々の視野や考え価値観を広げるとともに変化を与えるものである。それは決して片務的なものではない。受け手とともに話し手も広がり変化する。ゆえに、社会生活はコミュニケーションであると同時に、全ての社会生活そしてコミュニケーションは教育的となる。そして社会は伝達そしてコミュニケーションによって存続するが、それらに含まれるものでもある。「（社会は）伝達のなかに（in）、コミュニケーションの中に（in）存在する」（Dewey 1980[1916], p.7）のである。

　コミュニケーションにおいてもう一つ重要な観点は「物事への共通理解（possess things in common）」（Dewey ibid, p.7）である。それはただ同じ空間にいることではない。また同じ方向に向かって進んでいることではない。それは他の

メンバーと関わりながら、共通の目標についての理解、関心、行動、思考、感情を調整しつつ知識を共有していくことである。またそれはコミュニケーションの結果として生じるものである（Dewey ibid, p.20）。

　ところでデューイは教育的働きかけ（educative teaching）と訓練（training）を分けて考えている。前者は共通の理解と関心、活動から個人の考えや感情が変化していくことが含まれる。後者はその活動において学ぶ側の興味や関心が考慮されることはない。当該個人は受け身であり、その活動に関わる両者の共通の目標や理解なども存在しない。「コモン（共同）、コミュニティ（共同体）、コミュニケーションという言葉には、言語上の共通項以上のものがある」し、人々は物事を共有するゆえに、共同体を組織し、そこでともに生活することができる（Dewey ibid, p.7）。

　コミュニケーションは個人と個人の間だけにとどまるものではない。デューイは「コミュニケーションとは単なる共通の目標を実現するための手段だけにとどまらない。コミュニティとしての感覚であり、リアルに共有化されている感覚である」（Dewey 1981[1925], p. 160）と述べている。これを多職種連携に応用すれば、一人ひとりの子どもがよりよい学校生活を送れるという共通の目標を実現するために、職種は違っても学校というコミュニティを構成している成員としてどのようにその役割を果たすのか、という感覚も射程に含まれる。多様な子どもたちのために、多様な専門性を持つ人々がそのコミュニティの中で互いに尊重し合いながら意見を出し合うのである。コミュニケーションは異なる専門性、行動規範を持つ集団間においても極めて重要なのだ。

　ちなみにデューイは、特定の関心しか持たない人たちから構成され、他の集団との交流がない閉ざされた集団よりも、多様な関心や利害関係を持つ人々が相互に関わっている、そして他集団との自由な交流があり社会生活に変化が生じる社会集団が望ましいと述べている（Dewey 1980[1916], p.93）。前者は人々が学び成長する機会は制限される。しかし後者にはそのための多くの機会があるからである。社会は多様な人々からなり、様々な利害関係が存在する。時に衝突したり葛藤したりする。そして利害関係は他者との相互作用

を通じて調整される必要がある。その他者との相互作用が生まれるためには人々が共通性を感じていなければならない。同時に人々が共通性を生み、維持し、発展していくためにはさらに相互作用が必要になる。相互作用と共通性によって社会はより民主的な社会になっていく。

　以上のように、デューイにとってのコミュニケーションとは「相手が存在する状況において、その相手との関係において修正され、調整される活動における協力関係の確立」（Dewey 1981[1925], p.141）である。そしてそれは個人の資質や能力を超えて他者との関係性を元に行われた相互行為の結果として生じる相互変容と理解できる。それは「意味が導かれる（meaning-guided）」とともに「意味が生成する（meaning-generating）」（Biesta 2013, p.28）過程である。

　ここでデューイの民主主義観について触れておきたい。彼は民主主義についてはっきりと定義づけていない。しかし彼は「生き方としての民主主義」（早川 2010、p.44）を提唱している。それは「他者と連携して生きる（associated living）」であり「互いに共有された経験（conjoint communicated experience）」（Dewey 1980[1916], p.93）である。つまり彼は人々の生活レベルにおける「近隣の共同体に根ざした民主主義」（早川 2010、p.44）を想定していた。民主主義社会とは固定した、確定的な何かではなく、常に新たに探求し、発見し、創造していくものである。

(3) 学校教育：民主主義のための胚芽的社会

　学校教育とは社会がこれまで積み重ねてきた知識や技術、思想や規範などを子どもたちに教えるとともに、その子らが他者との関わりの中で個人の経験を拡大し、成長していく営みである。そして社会は「共通の方向性に沿って、共有されている意識を持ち、共通の目標を掲げるがゆえにまとまりを持つ人々の集合体」（Dewey 1976[1899], p.10）である。そしてデューイは学校を「社会が自らのためになしとげた一切のもの」が「未来の成員の手にゆだねられる」（ibid, p.5）場と考えた。

　　　　他者が望んでいること、必要としていること、考えていることを尋ね

　ることは、民主主義において不可欠である。（略）民主主義社会における
　一員として、私たちには（自分だけではなく他者の）望みやニーズ、課題を
　考察する責任がある。だからこれは教育の課題である。（Dewey 1988[1938],
　p.295）

　先述の通り、デューイにとって学校とは人々が民主主義を共有するための
「胚芽的生活共同体」であり、民主主義の基盤である。学校は子どもたちを個々
のパフォーマンスによって分断する場所ではなく個々の子どもを互いにつな
げてそこから新しいものを創造する場所である。彼は個人の進歩や発達（例
えば 3Rs の能力）から学校や教師が判断されるべきではないとする。学校の役
割は「自己中心的な専門家」（Dewey 1980[1916], p.12）を生むことではないからで
ある。
　近代社会では社会構造がより複雑化し、職を得て働いていくためより高度
な知識が必要とされる。だから社会がその未成熟な成員に伝えるべき知識は
より広がり高度化した。しかしそれらは子どもたちの日常と乖離している。
学校の役割は、子どもたちが学習内容を題材にその社会における共通性を習
得し、社会に対する意識を培うための支えることであり、同時に相互作用に
基づいたより民主的な学習経験を子どもたちに提供しながら、それによって
社会を更新していくことである。そして学校における成熟した成員である教
師の責任は子どもたちとその学習内容の乖離をコミュニケーションによって
埋める（Dewey 1988[1938],pp.36-37）とともに、学び続けようとする態度と習慣を
確立すること（Dewey ibid, p.29）である。少々長くなるが下に引用する。

　　私たちの学校ひとつひとつを胚芽的生活共同体にすること、学校の外
　の社会における生活を反映するような仕事や作業によって学校を活動的
　にすること、また芸術、歴史、科学の精神を用いてそれらをあまねく浸
　透させることである。学校が子どもたち一人ひとりを、（子どもたちが所
　属する）小共同体のなかの成員であるということを教え訓練し、その子
　らが奉仕の精神によって満たされ、自ら成長していくために有効な方法

を習得するとき、私たちは、価値ある、美しい、そして調和のとれた、より大きな社会への最も深く，最善の保障を得るであろう（Dewey 1976 ［1899］, pp.19-20）。

　デューイにとって学校は、小さな社会であり共同体でなければならなかった[6]。そしてそれは他者との協働によって実現される。だから学校教育において協働を当たり前だと思う意識づくりは必須である。これは対子どもだけの問題ではない。学校に関わる大人がそのような姿勢や態度を見せなければ、子どもたちは協働の持つ本来の価値を学ぶことができない[7]。そもそも多様かつ複雑な課題や問題を抱える子どもたちの「生きづらさ」は、教員だけでは解決できない。学校は民主主義の胚芽的生活共同体として、子どもを中心に据えて、多様な専門職が互いの意見を尊重しながらコミュニケーションを通じて新しい方法を模索していく場であることが一刻も早く求められている。

4.　多職種連携における課題

　ここまで多職種連携に即して、デューイの教育観で重要な概念である更新、コミュニケーション、民主主義の胚芽的生活共同体である学校教育について述べてきた。しかし現時点では学校現場との乖離を感じてしまうのである。デューイもまた楽観視していない。以下のように述べている。

　　もっとも社会的であるべき集団でさえ、多くの人間関係が機械のような水準（machine-like plane）であることはよくある。他者を使用する者が望ましい成果だけを求め、使用される者の感情や思考、同意を全く考慮しない（Dewey 1980[1916], p.8）。

　学校は最も社会的であるべき集団であろう。ここでは少なくても専門性をめぐる違い、そして学校教育をめぐる構造的な問題が存在する。以下について問題提起したい。

(1) 専門性の違いの克服は可能か

　昨今、学校では多様な背景を持つ子どもたちの支援のために、スクールカウンセラーを始め児童相談所や警察、家庭裁判所、NPO など様々な専門職や機関との連携が始まっている。ここで大きな課題になるのは専門性の違いである。

　例えば田原は、学校教師とスクールソーシャルワーカーは目標を共有するのか否かという問いに、暫定的答えは「否」と答えている (田原 2018、p.10)。その理由として目標の共有の困難さをあげ、医療人類学者池田光穂の「プロモーション」と「アドボカシー」という 2 つの概念を援用している。端的に言えば前者は啓蒙活動を通じて、学校教育に根強い「できるようになる」ことを達成することを目指すことである。後者においてはすでに働きかけられる相手に、主体は存在していることが前提である。したがって「できるようになる」がその主体の目標でなければ、そもそも支援目標にはなり得ない。ここで「何を学ぶのか」「何をできるようになるのか」という啓蒙主義的な学校と、いまそこにいる子どもの声を代弁するスクールソーシャルワーカーとの「対立」が起こる。つまり「目標の共有が協働の前提条件であるとするならば、両者は協働することができない」(田原、前掲書、p.11)。

　田原 (2018) はこの解決方法として、学校教師の「有意味な役割」として以下の提案をしている。

　　　少なくともスクールソーシャルワーカーが関与するようになった時点以降においては、当該児童生徒とスクールソーシャルワーカーが共有している目的の追求と齟齬を来たすような活動を抑制するということである。言いかえれば、学校教師はその専門性の些細ではない一部を放棄する、あるいは棚上げにする必要が出てくる。すなわち、「できるようになる」を相対化する (pp.11-12)。

　一方で学校教育において「できるようになる」ことの相対化は決して「主流派」の発想ではない。2017 年に告示された「小学校学習指導要領解説総則編」

では、前年の中央教育審議会の答申を受けて、教育課程全体を通して育成を目指す資質・能力を「何を理解しているか，何ができるか(生きて働く「知識・技能」の習得)」「理解していること・できることをどう使うか(未知の状況にも対応できる「思考力・判断力・表現力等」の育成)」「どのように社会・世界と関わり，よりよい人生を送るか(学びを人生や社会に生かそうとする「学びに向かう力・人間性等」の涵養)」に整理している(文部科学省 2017、p.3)。

　読めば読むほど個々の子どもたちの状況よりも、子どもたちが「なるべき姿」を重視しているように思える。「できるようになる」ことが目標であり、それを日常生活に、さらに人生および社会において活用するように求めている。しかし貧困や虐待、競争に伴う自己肯定感の欠如など社会に大きく起因する要因によって子どもたちの生活環境は荒れている。「しんどい背景」を持つ子どもたちがさらに負荷をかけられ、追い詰められる内容になってはいないか。コンピテンシーベースの教育を推し進めるのではなく、全ての子どもたちが居場所と思える環境を用意するために教育行政と学校が最善の努力を図ることがまず目標になるべきではないか。少なくとも子どもたちに「できるようになること」を求めている限りスクールソーシャルワーカーとの目標の共有は難しい。

　本稿では一例としてスクールソーシャルワーカーとの多職種連携における課題を取り上げた。しかし他の専門職との連携においてもこのような齟齬は必ず存在するであろう。連携をしていく上で専門職間の価値観や意見、もっと言えば目標の違いは大きい。このような大きな「異文化間理解」を学校はいかに乗り越えていけるのであろうか。

(2)　多職種連携に向けた学校の抱える構造的課題

　今日、初中等教育はもちろん高等教育においても管理職のガバナンスが強調され、変化が強いられている。中央教育審議会答申では「チームとしての学校」を実現させるための改善策として学校マネジメントの強化を強調している。特に校長には多様な専門性を持った職員を有機的に結びつけ、共通の目標に向かって動かすこと、学校内に協働の文化を作り出すこと(文部科学省、

前掲書、pp.15-16）や学校の「教育ビジョンを示し、教職員と意識や取り組みの方向性の共有を図ること」（p.18）などが求められている。

　しかし多職種連携を実行していく上で学校は多種多様な構造的な課題を抱えている。例えば教師の専門性が必ずしも明確になっていないことである。佐藤（1997）は教師の仕事の特徴の一つとして「無境界性」をあげている。授業に学級運営、生徒指導、進路指導、学校行事、生徒会・児童会にクラブ活動、カウンセリング、保護者対応、地域での活動、貧困等の社会問題など、一つひとつは意味があっても、そのような職域と責任の無制限の拡大は結果として「専門性の空洞化」（p.98）を招いている。また教員の専門性は学校種や教科、地域や勤務校によっても異なっている。結果として教員の担う業務や役割の見直しと異なる専門性を持つスタッフとの役割分担を困難にしている。

　また学校は、そして教師は他の専門職との関わりも含めた外との関わりを忌避する傾向がある。部外者からすればそれは公的空間を私的なものにしている、あるいは組織防衛に映るかもしれない。確かに学校や教室は「聖域」ではない。しかし教育とは完全無欠なものではない。高く評価される学校であっても異なる観点から見れば欠点を含んでいる場合も多いし、どんなに知識や経験を積んだ教師であっても教育実践が行き詰まることはある。そのような教育に関わる価値の多様性や不確実性は学校や教師を、簡単に批判を受ける無防備な状態にさらしてしまう。外との関わりを避けること、そして「学級王国」という言葉のように、個々で仕事を完結することを是とする仕事観は、外部からの理不尽な攻撃から自己を防御する、あるいはそのような攻撃にさらされないための一つの方法になってしまう。

　さらに昨今の義務教育国庫負担制度の見直しや地方自治体の財政難から、学校現場には多様な雇用形態の教職員が存在する。例えば2011年度の公立小・中学校の非正規教員の数は臨時的任用（常勤講師）と非常勤講師を合わせて約11.2万人であり、16.0%にも及ぶ（文部科学省2012）。学校は非正規雇用者なしには回らない状況である。しかし多職種連携のような時間がかかる取り組みが、極めて多忙な状況の中で不安定な雇用状態にある教職員の理解と協力をどのくらい得られるのか。

　このような課題があるにもかかわらず、昨今の学校は管理機能重視の流れがある。かつては戦前の反省から専門職としての教員は平等・対等な関係であり、学校はいわゆる「鍋蓋型組織」であった。しかしそのような組織体であるがために効率的に機能していないという批判にさらされ、一般企業のような重層的組織体を導入する流れが強まった。2000年の学校教育法施行規則改正では、これまで学校における「最高議決機関」とみなされていた職員会議は、「校長の職務の円滑な執行に資するため」の補助機関とされた。さらに2007年には副校長や主幹教諭といった職制が整備され、従来の「鍋蓋型組織」は校長を頂点とした組織管理体制になってきた。

　文部科学省が提唱する学校マネジメントでは、上記のような学校現場での構造的課題とともに、教育の持つ多面性や不確実性、不可視性が意識されているのであろうか。ただでさえ学校は非常に多忙である。外国語、特別な教科道徳、ICT、プログラミング、理数教育の充実、伝統や文化に関する学習の充実など一つ一つは大事ではあるものの、全てを現在の人員配置で実施することがそもそも可能なのか。カリキュラムマネジメントでは教育課程を編成し、実施し、評価するPDCAサイクルを確立することが求められている（文部科学省2018）。結果として全て一定の期間で「成果」をあげる指導が求められ「上意下達」で物事は進み、デューイのいうコミュニケーションが蔑ろにされることはないのか。そして「成果」をあげられない学校には、予算措置等で不利な条件が押し付けられないか。

　多職種連携はただでさえ民主的に進める必要があり、そのためには時間がかかる。「成果」を過度に求めれば必ずや空洞化する。学校長を始め教職員が、コミュニケーションを丁寧かつ時間をかけてはかっていかなければ、多職種連携はうまくいかない。子どもたちもコミュニケーションや協働の大事さを理解できないであろう。

(3) 多職種連携の政治化

　ビースタは90年代から新自由主義的な潮流の中で、学習の政治化 (politics of learning) が起こっていると指摘する。それは端的に言えば、「権利としての

教育」から「義務としての学習」への変化 (Biesta 2013, p.66)[8] である。学習機会が社会において拡大した一方で、学ぶことが当然視され個人の責任とされるようになった。そこで「陥りやすい罠 (slippery slope)」が生じる。それは以下のようなものである。

(1) 学ぶことが生きることと同一視される。

(2) 学習は生涯にわたって行われるものとされる。

(3) ふつうの人であれば学ぶことができるとされる。

(4) ここまで行けば簡単に、全ての人が学ぶべきだ、とされる。

(5) 最終的には、学ばなかったり、学ぶことを拒否したりした人は社会から排除される。(Biesta ibid, p.68)

ビースタの学習の政治化の流れは、以下のような「要素」がある。

(1) 「正当な」テーマが示されて権威を持った正当な機関により推奨される (例えば OECD (1997))。

(2) (1)で推奨されているテーマがすべての人たちにとって大事と見なされる。

(3) (1)で推奨されているテーマが基準とされる。

(4) (1)で推奨されていたテーマが義務とされる (そして、その評価をするための恣意的な価値を含む基準が導入される)。

(5) (1)で推奨されているテーマを、恣意的に設けられた基準に則して十分に習得していなかったり、拒否したりする人は「怠惰」として排除される。

つまり、権力による推奨→「ふつう」化→スタンダード化→指標の導入→排除である。「人生を通じて学ぶことが大事」というような誰もが反対できないテーマが掲げられ、国家や地方公共団体は学校をはじめとする制度や設備を充実させる。人々は歓迎し、その政策が推進されていく。しかしいつのまにか「機会を利用していない人たち」の意欲の「欠如」が問題とされ、これまで誰にも保障されていた権利が義務になる。どのように、どのくらい意欲的に学ぶ義務を果たしているかをチェックする基準が導入されて権利は切り崩される。そして様々な理由でその基準に沿えない社会的弱者が排除されていく。

　2014 年に地方教育行政法が改正された。その結果として地方公共団体の首長の教育に対する発言力は事実上強まった。一部の自治体の政治家によって多職種連携をはじめとする学校教育の特定部分が恣意的に取り上げられ、学校や教員が序列化され、下位が排除される教育政策が実行されることはないのか。アメリカの新自由主義的教育を研究している鈴木 (2016) は、「例外の空間が社会全体にもたらす影響」(p.89) に警鐘を鳴らす。例えばナチスの強制収容所が当時のドイツ社会の人権意識を低下させたように、「例外の空間」は社会全体で当たり前だった権利を切り崩す。21 世紀のアメリカで特に狙い撃ちにされたのが「意欲がない」とされる社会的弱者だった。それにより余裕が生まれた社会的資源は特権層に回された。日本においても、競争による選択と集中は教育政策として珍しくない。多職種連携がその材料に使われない、とは誰も言い切れない。だからビースタの言う「陥りやすい罠」は残念ながら全ての教育の営みに適用可能である[9]。

　もし多職種連携にあてはめるのであれば以下のようになるのではないだろうか。

(1)「働き方改革」の一環として学校において多職種連携が推奨される。

(2) 学校において多職種連携は大事な業務とされる。

(3) 多職種連携が学校経営において 1 つの基準とされる。

(4) 多職種連携が学校経営において義務とされる (その成果を示す指標が導入され、検証される)。

(5) 効果がないとみなされた多職種連携を実践している学校は、予算が減らされる (結果的に、「市場」から淘汰される)。

　なぜ教育における選択と集中は問題なのか。ビースタに言わせれば、それは教育に対する根本的な無理解から生じているからである。教育は「強固 (strong)、確実 (secure)、予測可能 (predictable) で危険や失敗の可能性ゼロ (risk-free)」にはならない。なぜならば教育とは基本的に他者との「対話的過程 (a dialogical process)」(Biesta ibid, p.3) だからである。その場には様々な背景を持つ人たちが関わる。時間がかかるし、不確実で不確定で困難だ。適切に評価することはさらに困難である。だから教育の場としての学校教育がまず考えな

ければいけないことは、社会で求められている特定の能力や価値観を元に個人を競わせてもっとも「成果」を上げた個人に報いるのではなく、多様な人々がそれぞれの長所を生かした「ともにある、ともになす」をベースにした場づくり[10]であろう。多職種連携はそのような学校運営における一つの柱である。

　学校における多職種連携は何のためなのか、さらに言えばその目標は一人ひとりの子どもたちにとって意味あることなのか、を常に問わなければならない。学校教育がその問いに誠実に応えるためには、多職種連携に関わる全ての専門職が「子どもたちのため」ときちんと納得して進めることができるための時間と予算、そして「精神的余裕」を確保すべきであろう。学校の管理職、そして教育行政は「多職種連携」をただ掲げるのではなく、そのための「環境づくり」が責務である。

5.　有意味な多職種連携のために

　学校という社会集団には校長を頂点にした上下の関係とともに、教員、事務職員、スクールカウンセラー、社会福祉士、精神保健福祉士等の異なる価値観をもつ職種が制度上フラットな関係で働いている。そのような組織においてデューイの「コミュニケーション」を生むためにどうすればよいのか。

　多職種連携とは離れるが、校則をなくした中学校として有名な東京都世田谷区立桜ヶ丘中学校の事例を紹介したい。同校では非常に様々な機会や仕掛けを通じて丁寧なコミュニケーションが図られている。そのキーワードは「その人」として関わること、そして「発想の転換」である。

　同校の校長の西郷は教員に「素」で勝負することを求めてきた。例えばある教員は非常に熱心であった。校長からの働きかけで、彼は「体育教員は厳しく指導しなければならない」という思い込みに気がつき、それから子どもたちに自分の笑顔（西郷によれば、それがこの教員の「素」だという）を見せながら一緒に遊ぶようになった。その結果、生徒から慕われるように変わった（西郷 2019, pp.46-47）。専門職にとって、専門性は譲れない。しかしそれはその人の一部である。デューイにとってコミュニケーションは「互いに共感できる

状態になる」ものである。異なる「文化」や価値観を抱える専門職同士が信頼関係を紡ぐためには、その人の「素」は意見が異なっても人としての共感を生む豊かな土壌でもある。「その人」を大事にする価値観が学校に必要なのではないか。

　そして「発想の転換」である。朝礼は校長先生の重要な話を子どもたちが大人しく聞くもの、と言う見方は決して珍しくない。しかし真面目に聞かず私語する生徒は少なくない。西郷は、教員が生徒の私語をやめさせるために怒鳴れば怒鳴るほど教育的にマイナスだと考えた。そこで生徒の私語の理由を「校長の話がつまらないから」としたのである。その結果、生徒だけでなく教員も自分で何をすべきか考えるきっかけとなった（西郷、前掲書、p.49）。デューイはコミュニケーションを相手との関係性に従って調整されるものだと考えた。専門性を持つもの同士が互いに譲らなければ、先に紹介したある医療者のように、医療者も学校にも何も得るものはないまま終わる。しかし桜丘中学校のように地道に異なる価値観を持つもの同士がコミュニケーションを図っていけば、新たな発見、そして発想の転換につながる。多職種連携を実践していく上で大事な概念ではなかろうか。

　西郷の発想の出発点は「子どもたちが、幸せな3年間を送ること」（西郷、前掲書、p.44）である。彼はかつて学んだシュタイナーやデューイの発想を応用し、自分の勤務する学校が置かれている環境を踏まえて、教職員や生徒と一緒に「難しい連立方程式の解」（西郷、前掲書、あとがき）をこれまで模索してきたのである。

6.　結　語

　本稿ではここまで多職種連携を進めていく上で、デューイの教育思想における以下の3点を確認した。

　⑴　そもそも教育とは子どもたち一人ひとりが成長するとともに、その成長が社会的生命の更新につながるための営みであること。個人の善はコミュニティや社会の共通善につながっていく。

　⑵　コミュニケーションとは他者との相互行為を積み重ね、互いに相手を

慮りながら経験の分かち合いを通じて相互に拡大し変化していくことである。そして共通性を広げ深めていくことである。共通性はコミュニケーションの結果として生じるものでもある。

(3) 学校は人々が民主主義を共有するための胚芽的社会であり、そこでは他者との協働は必須である。

しかしここで問題となるのは各専門職の教育に対する関わりかたの違いであり、学校の抱える構造的問題であり、同時に社会に根強い経済的効率性を重視した教育観である。本稿では狭義の多職種連携の事例ではないものの、世田谷区桜ヶ丘中学校の実践を紹介した。そこでは異なる見方を持っていた校長と教員（共に専門職である）が生徒や地域と時間をかけてコミュニケーションをとった結果、直面していた課題を解決した事例であると考える。「その人」として関わることと「発想の転換」は、多職種連携においても鍵となる。

繰り返すがデューイの掲げるコミュニケーションを実践するためには、桜丘中学校のように時間が必要である。1年単位の PDCA サイクルを回して評価できるものではない。ゆえに学校に、子どもたちにも教師にも「ゆとり」を回復することが絶対に必要である。これは私たちが学校の民主主義とともに社会における民主主義をこれ以上後退させないためにも必要不可欠である。

本稿では多職種連携の意義をデューイの「コミュニケーション」を援用して理論的側面から明らかにすることを主眼においていた。そのため残念ながら、それを意識した具体的な多職種連携事例の分析にまで至らなかった。教師や養護教諭、事務職員、カウンセラー、社会福祉士や精神保健福祉士などの福祉専門職、医師や看護師をはじめとする医療専門職との連携など、地域によって、学校や職種によって様々な試みがあるだろう。その豊かな実践の分析は今後の課題としたい。

多職種連携によって、学校には様々な専門性を持つ人々が一堂に介する機会は生まれる。その機会をどのように生かすのか。学校に関わる専門職すべてが抱える課題である。

附　記

　本論文の一部は、2019 年度全国私立大学教職課程協会（近畿大学）で発表された
ものである。発表内容に大幅に修正を加えた。

注

1　2008 年の第 1 回 TALIS 調査に、日本は不参加。

2　平成 29 年度文部科学省委託研究である「公立小学校・中学校等教員勤務実
態調査研究」（リベルタスコンサルティング 2018）では副校長・教頭（63.4 時
間）、教諭（63.2 時間）、講師（61.36 時間）、学校長（56.0 時間）、養護教諭（52.48
時間）となっている。

3　日本財団（2019）の「18 歳意識調査」では、「自分で国や社会を変えられると
思う」と言う問いについて中国やアメリカを含む 9 カ国の中で圧倒的最下位
（18.3%）であった。個人的な経験ではあるが、例えば大学の教職課程の講義
や、中高生相手の「主権者教育」ワークショップにおいて、「分相応に」「身の
丈で」「上の立場の人に従う」という発言は、決して珍しくはない。

4　中学生や高校生が、校則を自分たちの学校生活に合わせて改めようという
動きもある（根岸、山下、氏岡 2019）。

5　例えば上野（2013）は「危機にさらされているのは、民主主義を底流にした
教育の制度デザインであり、民主主義の学習を擁護する学校環境の創出で
ある」（p.215）と断言する。

6　デューイが最も価値を置く豊かで、協働的かつ民主的な実践といったも
のは規模の大きい社会においては非効率的だと見えてしまう（Schutz 2001,
p.288）。

7　子どもたちは公式のカリキュラムからよりも隠れたカリキュラム（hidden
curriculum）から多くを学ぶ。そして隠れたカリキュラムとは端的に言えば、
どのように「好ましい」生徒になるのか、どのように学校教育というゲーム
で生き残るのか、ということである（Biesta 2013, p.32）。

8　長らく「生涯（lifelong）」という表現は「学習（learning）」ではなく「教育
（education）」につなげて考えられてきた（Biesta 2013, p.65）。例えば 1972 年の
UNESCO の報告書のタイトルは Learning to Be: The World of Education Today
and Tomorrow である。OECD は 1973 年に Recurrent Education を出版している。
しかし 90 年代より「生涯学習（lifelong learning）」となりつつある。1997 年に
OECD が出した報告書のタイトルは Lifelong Learning for All になっている。

9　例えば学校選択制、学力向上、校則をめぐる「ゼロ・トレランス」などは一
例であろう。特定の観点からの評価によって個人を序列化し、下位から排

除されていく構図である。大阪市では 2018 年 8 月に市長の意向により学力
テストの成果に応じて教員ボーナスの増減を査定する提案が再浮上してい
る（斉可 2019）。数値目標を達成することを第一にする学校が、現れても不
思議ではない。アメリカでは競争を重視した教育政策の結果として、より
厳しい生活状況に置かれている生徒が退学に追い込まれた。日本でも校則
をめぐる「ゼロ・トレランス」で「問題児」の排除が検討された（鈴木 2016）。
10　多職種連携とは逸れるが、例えば不登校を経験し大学でも生きづらさを
感じていたある学生は、得意な楽器の演奏を災害公営住宅で披露したこと
をきっかけに、現在はボランティアサークルのリーダーを務めている。被
災された高齢者の中には、彼女たちのアンサンブル演奏に涙する人もいる。
子どもも大人も特技や強みを生かし合って、誰もが「楽しい」、そして生き
ていくことに積極的に思える場を作ることが学校だけではなく社会全体に
必要である。

引用文献

Biesta, G.（2006）. Beyond learning: Democratic education for human future. Boulder, CO: Paradigm

Biesta, G.（2010）. Good education in an age of measurement: Ethics, politics, democracy. Boulder, CO: Paradigm

Biesta, G.（2013）. Beautiful risk of education. Boulder, CO: Paradigm

Dewey, J.（1976[1899]）. The school and society. in J.A. Boydston（ed.）. John Dewey the middle works,1899-1924. vol.1:1899-1901. Carbondale: Southern Illinois University Press.

Dewey, J.（1980[1916]）. Democracy and education. in J.A. Boydston（ed.）. John Dewey the middle works,1899-1924. vol.9:1916. Carbondale: Southern Illinois University Press.

Dewey, J.（1981[1925]）. Experience and nature. in J.A. Boydston, John Dewey the later works 1925-1953. vol.1:1925. Carbondale: Southern Illinois University Press.

Dewey, J.（1988[1938]）. Experience and nature. in J.A. Boydston, John Dewey the later works 1925-1953. vol.13:1938-1939. Carbondale: Southern Illinois University Press.

Organaization for Economic Co-operation and Development.（1997）. Lifelong learning for all. Paris: OECD.

Organisation for Economic Co-operation and Development.（2013）. Teaching and learning international survey. Paris: OECD.

Organisation for Economic Co-operation and Development.（2018）. Teaching and learning international survey. Paris: OECD.

Schutz, A.（2001）. John Dewey and "a paradox of size": Democratic faith at the limits of experience. American Journal of Education 109. Chicago, IL: The University of

Chicago.

安宅仁人 . (2016).「教育行政・学校における多職種、多領域連携をめぐる理論的・実践的課題―日英の政策動向を踏まえて―」. 日本教育行政学会年報　No.42, 223-227.

荊木まき子・淵上克義・古市裕一 . (2014).「学校児童・生徒への支援体制に関する尺度構成の試み―専門性協働と均質性協働に着目して―」. 岡山大学大学院教育学研究科研究集録 第 153 号 .

上野正道 . (2013).『民主主義への教育　学びのシニシズムを超えて』. 東京大学出版会 .

神奈川県立総合教育センター . (2007).「子どものニーズの解決に向けた多職種協働チームの行動連携の在り方―『ニーズを抱えている子どもの問題解決のためのアセスメントチェックリスト』及び『支援のための行動連携シート』の開発とその活用について―」. https://www.edu-ctr.pref.kanagawa.jp/kankoubutu/download/h18pdf/Tasyokusyu.pdf

木岡和明 . (2016).「『多職種によって構成される学校』のマネジメント：その設定の含意と可能性」. 学校経営研究 , 41, 10.

斉加尚代、毎日放送映像取材班 . (2019).『教育と愛国　誰が教室を窒息させるのか』. 岩波書店 .

西郷孝彦 . (2019).『校則なくした中学校たったひとつの校長ルール』. 小学館 .

佐藤学 . (1997).『教師というアポリア　反省的実践へ』. 世織書房 .

鈴木大裕 . (2016).『崩壊するアメリカの公教育　日本への警告』. 岩波書店 .

住田昌治 . (2019 年 12 月 25 日).「なぜ、学校の働き方は変わらないのか？」論座 . https://webronza.asahi.com/national/articles/2019122000008.html

田原宏人　(2018)「福祉と教育―チーム学校構想の位置どりをめぐって―」全国私立大学教職課程協会第 38 回研究大会第 7 分科会報告 (2018 年 5 月 20 日酪農学園大学)

中央教育審議会 . (2015 年 12 月 27 日)「チームとしての学校の在り方と今後の改善方策について」. 文部科学省 . https://www.mext.go.jp/b_menu/shingi/chukyo/chukyo0/toushin/__icsFiles/afieldfile/2016/02/05/1365657_00.pdf

日本財団 . (2019).「18 歳意識調査『第 20 回―社会や国に対する意識調査』要約版 」. https:// www.nippon-foundation.or.jp/app/uploads/2019/11/wha_pro_eig_97.pdf

根岸拓朗・山下知子・氏岡真弓 . (2019 年 12 月 2 日).「『下着白、ツーブロ禁止』変な校則、変えたい　動く学生」. 朝日新聞デジタル https://digital.asahi.com/articles/ ASMCV3HKSMCVUTIL00K. html.

早川操　(2010)『デューイの日本文化探求論再考―実験主義的リベラリズムか

ら見た日本民主主義と文化の課題―』日本デューイ学会編『日本のデューイ
　研究と 21 世紀の課題　日本デューイ学会設立 50 周年記念論集』世界思想社

文部科学省 . (2012). 「非正規教員の任用状況について」. https://www.mext.go.jp/b_
　menu/shingi/ chousa/shotou/084/shiryo/__icsFiles/afieldfile/2012/06/28/1322908_2.
　pdf

文部科学省 . (2017). 「小学校学習指導要領解説編　総則」http://www.
　mext. go.jp/component/ a_menu/education/micro_detail/__icsFiles/afield-
　file/2019/03/18/1387017_001.pdf

文部科学省 . (2018). 「新学習指導要領について」http://www.mext.go.jp/b_menu/
　shingi/chousa/ shisetu/044/shiryo/__icsFiles/afieldfile/2018/07/09/1405957_003.
　pdf

行安茂 . (2010)「明治期におけるデューイ倫理学の評価と課題」日本デューイ
　学会編『日本のデューイ研究と 21 世紀の課題』世界思想社

リベルタス・コンサルティング . (2018). 「公立小学校・中学校等 教員勤務実
　態調査研究 (平成 29 年度文部科学省委託研究)」. 文部科学省ホームページ .
　https://www.mext.go.jp/component/ a_menu/education/detail/__icsFiles/afield-
　file/2018/09/27/1409224_005_1.pdf

Ⅱ 実践交流記録

私立大学における教員養成と教員育成指標・教職課程コアカリキュラム

——東北地方を事例として

大迫章史（東北学院大学）・中島夏子（東北工業大学）・泉山靖人（東北学院大学）

序　論

　本稿は、現代日本の教員養成改革における私立大学の教員養成の特徴を、教員育成指標（以下「育成指標」と略記。）および教職課程コアカリキュラム（以下「コアカリ」と略記。）との関係から東北地方の取り組みを事例として論じていく[1]。2015 年の中央教育審議会答申「これからの学校教育を担う教員の資質能力の向上について」（以下、「中教審答申（2015）」と略記。）では、大学等が教職課程を編成するにあたって参考となる指針を作成し、教員養成の全国的な水準を確保すべきことが提言された。そして、これに基づき「教職課程コアカリキュラムの在り方に関する検討会」（以下「検討会」と略記。）が文部科学省に設置され、本検討会は 2017 年 11 月に「教職課程コアカリキュラム」を公表した。また大学等における教職課程では、文部科学省によりコアカリに基づいた課程認定が進められ、2019 年度からはこれに基づく養成教育が実施されている。

　また 2017 年 4 月に教育公務員特例法が改正され、校長と教員の資質向上のため、「文部科学大臣は、公立の小学校等の校長及び教員の計画的かつ効果的な資質の向上を図るため、次条第一項に規定する指標の策定に関する指針（以下「指針」という。）を定めなければならない」（第 22 条の 2 第 1 項）との条文が加えられた。さらには、これを受けて、公立学校等の校長及び教員の任命権者に対しては「指針を参酌し、その地域の実情に応じ、当該校長及び教員の職責、経験及び適性に応じて向上を図るべき校長及び教員としての資質に関する指標（以下「指標」という。）を定める」（第 22 条の 3 第 1 項）こととされた。そして、本指標は各都道府県・政令指定都市に設置される教員育成協議会で

協議の上、作成しなければならないことになっている。そこで、教員育成協議会が設置されることとなったが、その協議会の構成員には任命権者の他、教員の研修に協力する大学の関係者などを含めることとされた。こうして作成される指標には、教員のキャリアステージとして、大学等における教員養成の段階に関する記述を含むこととされている。

　このように大学等における教員養成については、コアカリと指標をめぐって、これまでの教員養成のあり方に大きな変更が求められることになったが、その検証は十分におこなわれているとはいいがたい。そこで本稿は、東北地方の取り組みを事例にコアカリや教員育成指標の策定という国が示した教育政策を、大学と都道府県教育委員会がそれぞれの主体としてどう受け止めているのかをみていく。具体的な事例として、大学では東北工業大学を取り上げるが、これは規模的に小さい大学で教育政策の影響がより強く出ると考えたためである。また、山形県と岩手県を事例としたのは、東北地区私立大学教職課程研究連絡協議会で東北地区の6県教育委員会および仙台市教育委員会の教員育成指標・教員育成協議会等に関する研究を進めているが、本稿はこの研究の一環であり、これまでに調査を実施した教育委員会[2]を除外した上で、対象を選定したことによる。

　本稿では、まず教育行政の観点からコアカリに対する文部科学省や都道府県教育委員会などの教育行政機関の認識を確認し、つぎにコアカリに対して、私立の教職課程を持つ一般大学が実際にどのような対応を迫られることになったのかを具体的にみていく。そして最後に都道府県教育委員会の指標に対する受け止め方を検討する。これらを通して、コアカリと指標との関係を踏まえながら、現代日本の私立大学における教員養成の特徴と課題を明らかにしていく。

1.　教職課程コアカリキュラムと教員育成指標への中央教育行政機関の認識

(1)　中央教育審議会等における議論と答申の概要

　本章では、コアカリと指標への中央教育行政機関の認識を中央教育審議会の議論や答申、検討会での議論を材料にとくに教員養成の開放制に視点をお

いて確認していく。先行研究としては、佐藤 (2017) がある [3]。佐藤の研究では、コアカリの導入により、教師の資質能力や価値観にまでその影響が及びかねないこと、教職課程における学習指導要領の影響力が強まること、文部科学省や都道府県教育委員会の教職課程への影響力が強化されることが論じられている。しかしながら、中央教育審議会や検討会での具体的な議論には言及されていない。

　そこで、まず中教審答申 (2015) の内容とこれに関わる審議会での議論をみていく。本答申では、審議の前提として、大学における養成の原則と開放制の原則を維持し [4]、その上で教員の養成・採用・研修の一体的改革の全体的な考え方のもと、指標の策定を提言している。そこでは、教員の養成・採用・研修の各段階で教育委員会と大学等が連携しそのための制度構築の必要性を指摘し、その連携について「養成段階と採用・研修段階の両段階を通じて養成・研修を計画・実施する際の基軸となる教員の育成指標を協働して作成す」べきことが例示されている [5]。そして国及び各都道府県の教育委員会等は教員育成協議会の協議等を踏まえ、採用前の円滑な入職や最低限の実践力獲得のための取組を普及・推進していくとある [6]。

　こうして作成された指標の活用方法として「各教育委員会や各大学において教員研修や教員養成が行われることが重要である」[7] と述べ、国が望ましい研修や実施されるべき事項を参考に提示し、国の策定指針を踏まえ、大学が教職課程を編成する際に参考とする指針すなわちコアカリを関係者が共同で作成し教員の養成などの教員育成の全国的な水準を確保すべきと述べられている [8]。なお具体的な養成や研修の手法等は、各大学や各教育委員会の自主性、自律性に委ねるべきとされた [9]。

　次に、上記に関わる中央教育審議会での議論のポイントを部会を中心にみていく。審議会では本答申案の説明の後、小松親次郎初等中等教育局長が各部会等での議論の経緯を説明する際、教員の養成・採用・研修について、教員養成を担ってきた大学等と採用、研修に関わってきた教育委員会等との連携のための具体的な制度的な枠組み等の必要性が各部会で議論されたと述べている [10]。また、教員の採用では各都道府県等が採用時の教員像を明確にし、

そのための選考方法を工夫する必要性についての議論があったと説明されている[11]。教員の養成については、本答申が大学等での養成教育は主に教員となる際に最低限必要な基礎的・基盤的な学修をする段階との認識に立っていると述べている[12]。そして大学と教育委員会の具体的な連携として、指標を設定し、国が大綱的に指標の整備指針を提示し、コアカリを関係者が共同で作成した上で、教育委員会や大学等が共同で策定する教員育成の指標や研修経過を支える教員育成協議会の組織化やその基盤を創りたいと本答申では考えられているとの説明があった[13]。

　このような説明の後、中央教育審議会の関係部会長から審議に関する報告があった。なかでも小原芳明教員養成部会長は、養成部会での審議は、教員の資質向上の点で、大学、教育委員会、校長会がステークホルダーとして存在しており、本答申は「その三者の妥協案と言える」と発言している[14]。

(2)「教職課程コアカリキュラムの在り方に関する検討会」における議論

　つぎにコアカリに込められた開放制に対する認識を、検討会における議論をもとに確認する。議論を確認する前に検討会が提出した「教職課程コアカリキュラム作成の背景と考え方」の文章を用いて、コアカリ作成にあたっての検討会の基本的なスタンスをみておく。これによれば、教職課程は学芸と実践性の両面をもち、教員養成では常にこの二つの側面を融合した高い水準の教員養成が求められてきたとある。しかし、大学では学芸的側面が強調されたため、教員としての実践的指導力や学校現場が抱える課題へ対応する力が十分でないとの批判があったことを課題として指摘している[15]。その上で、コアカリの目的については地域や学校現場のニーズや大学の自主性、独自性が教職課程に反映されることを尊重した上で、各大学が責任をもって教員養成に取り組み教員を育成する仕組みを作り、教職課程全体の質保証を目指すものとある[16]。またコアカリの作成方針等では、教職課程は教員免許状が各校種で異なるため、今回は各校種で共通する「教職に関する科目」のコアカリを作成したとある[17]。そして、その活用方法では、大学関係者には大学における教職課程を編成する際にコアカリをふまえ、創意工夫のもと、体系的

にカリキュラムを構築することやコアカリや指標等の内容を踏まえ、卒業時までに修得すべき資質能力を見通しをもって学べるようにすることなどが求められている[18]。また教育委員会関係者等の採用者には、コアカリを踏まえた教員採用選考の実施や「校長及び教員としての資質向上に関する指標」の検討が求められている[19]。

　以下では、コアカリが作成された過程で行われた議論を、検討会の議事録に基づきみていく。第1回の会議では、医学・薬学、獣医学等のコアカリのあり方に関するヒアリングの後、教職課程におけるコアカリの基本的なあり方の意見交換がおこなわれた。そこでコアカリの最終的なあり方について、ある委員は「医学・薬学、獣医学の様にコアカリを学習成果基盤型、つまり出口のところでどういう教師になってほしいのかという、そこから逆算してカリキュラムを作って」いくことが1番のポイントであり、2番目のポイントは「大学の教育がコアカリにより画一化されるのではなく、コアカリは質の保障と各大学の多様性を両立させ、各大学がカリキュラムを作るためガイドラインであり、大学の自由や学問の自由は担保されねばならない」と発言している[20]。また、コアカリ作成の理由では「開放性の原則とコアカリキュラムの設定とは本来矛盾対立すると思うが、現実にコアカリキュラムが必要」であるとの意見もだされ[21]、コアカリの必要性は時代の要請との認識があらわれている。そして、コアカリの性格に関しては、第2回の会議で、教員養成全体をどうするかは大学の方針に基づくが、教職課程としては職業教育としての共通性があり、今はそういう時代にあるとの意見がだされた[22]。

　第3回の会議では、コアカリの意義に関してさまざまな声があるが、「コアカリが作られることによって、まず各大学・学部でカリキュラムを巡って大議論が起きるということこそが大切」[23]であって、「そういう意味では、コアカリキュラムの最大の活用方策は各大学で、コアカリキュラムをどう活用して良いカリキュラムを作るのかという点であり、それが周辺のシステムに評価され、連動が始まると考えている」との意見があった[24]。

　指標と関連する議論では、指標の作成は、大学と行政との共通言語の作成であり、これを意識して進め、相互理解をつくるべきとの意見もだされた[25]。

一方で、第5回の会議では、コアカリでは、大学の自主性や独自性の言及はあるが、教育委員会や学校法人のことには触れられておらず、全く大学の立場からの議論になっているとして、「大学が責任を持って教員養成をやるというのは、誰に対する責任だというと、それは学校に対する責任であって、大学に対する責任ではない」ため、教職課程の科目に大学の自主性が出過ぎると、採用する側にとっては教員を選ぶ基準が曖昧になり、採用した後の教育活動で、校長なり教育委員会の方の指導が行き届かなくなってしまうことを危惧する意見もあった[26]。

2. 地方小規模私立大学におけるコアカリへの対応

(1) 事例の概要

　本章では、コアカリが大学に普及する過程に注目し、コアカリが大学の教職員にどのように受け止められ、その教職課程にどのように反映されたのかについて、地方小規模私立大学の事例から明らかにする。コアカリは近年の施策であるため、その実施状況についての先行研究はほとんど存在しない。その中では、全国私立大学教職課程協会の第39回研究大会において報告された「教職課程コアカリキュラムに関する調査」(2019年3月に全私教協加盟大学を対象に実施)の報告[27] は、全国の私立大学の教職課程の担当者がコアカリをどのように受け止めたのかについて、網羅的に知る貴重な先行研究である。一方で、個別の大学でどのような対応がされたのかについて明らかにする事例研究論文は、再課程認定の最中に書かれた田中 (2019)[28] の他は、管見の限り存在しない。そこで、本章では、東北地区にある小規模な一大学において、実際にどのような対応をとり、そこにどのような問題があったのかを明らかにする。

　事例の対象は、筆者が勤務する仙台市にある東北工業大学の教職課程である。工学部とライフデザイン学部の2学部8学科で、学部生は3000人を少し超える程度である。学科によって異なるが、高等学校教諭一種の工業と情報、商業の免許状のための課程がある。ここ数年は毎年30名程度の免許取得者と数名の教員採用者を出す程度という規模の小さな教職課程であるが、

東北地方においては工業の教員養成の主力的役割を果たしている。教職課程は全学的には教員養成審議委員会が、運営は主に教職課程センターに所属する 4 名の専任教員と教務学生課の職員 2 名が担っている。筆者はセンターに所属する専任教員として、コアカリへの対応方針を立て、全ての科目の確認・調整を行う等のとりまとめも行った他、自身が担当する「教育課程論」や「教育制度論」等のコアカリへの対応も行った。以下、大学の担当者がコアカリをどのように受け止め、それに対応し、それによって教職課程にどのような変化があったのかについて、当事者の立場から明らかにする。

(2) コアカリへの対応

　コアカリへの対応に際して最も気がかりであったのは、コアカリの拘束力や強制力の程度であり、それが再課程認定の審査の際にどのように「活用」されるのかという点であった。この点に関して、2017 年 8 月に行われた再課程認定申請についての文部科学省の説明会では、次のように説明された[29]。

　　○シラバスを作成する際に、学生が当該事項に関するコアカリキュラムの「全体目標」「一般目標」「到達目標」の内容を修得できるよう授業を設計し、「到達目標」に関する内容がシラバスの各授業回を通じて全体として含まれているか、各大学がコアカリキュラム対応表によって確認を行った上で申請を行うものとする。なお、提出されたコアカリキュラム対応表において、記載のない「到達目標」があれば、事務的に指摘する。
　　○提出されたシラバスの審査は、コアカリキュラム対応表において「到達目標」の内容が含まれていることを各大学が確認していることを踏まえて行うものであり、コアカリキュラムに記載されている目標に含まれる個々の要素一つ一つを確認するわけではなく、適切な授業内容となっているかどうか総合的な観点から審査を行う。

　この説明では、授業の担当者並びに大学がコアカリ対応表を作成することを通して、コアカリが各授業に含まれているのかを確認するということに

なっている。この箇所だけを読むと、各大学の担当者が「到達目標が含まれている」と判断すれば良いということになるが、後半には、「目標に含まれる個々の要素一つ一つを確認するわけではない」が、「総合的な観点から」の審査も行われるとも書かれている。大学ではこれをどのように解釈し、対応するのかということが議論となった。つまり、大学の判断基準で良いのか、それとも「総合的な観点」の中に何らかの基準が含まれているのか、含まれているのであればそれは具体的にどのような基準か、ということである。同じように考えた大学はあったようで、教職課程再課程認定等説明会の質問回答集では、「今回、提示された教職課程のコアカリキュラムについて、各科目の『全体目標』、『一般目標』、『到達目標』をそれぞれシラバスの『授業の概要』、『授業のテーマ及び到達目標』にもれなく反映させなければならないのか。」という質問がある大学から出されている。それに対する文部科学省の回答は、「シラバスの審査にあたっては、『授業のテーマ及び到達目標』などシラバス全体の記載において、各事項に定める内容が含まれているか全体的に確認を行う。」と説明会資料の記載事項が繰り返されただけであった[30]。

　ここまで大学が神経質になったのは、これが再課程認定の審査として行われるものであり、万が一にでも審査に落ちれば、次年度（2019年度）の教職課程を提供することができないからである。これは、教職課程を担当する教員にとっては自らの仕事を失うかもしれないという死活問題である。また、審査に落ちなかったとしても、文部科学省からの指摘を受ければ、（おそらく学期初めの忙しい時期に）非常に短い期間でそれに対応しなければならない。こうした事態を避けるためにも、明確に審査の基準が分からない以上は、最も安全な策を取らざるをえないだろうとの判断に至った。具体的には、誰がどのように見てもコアカリが含まれていることが明らかなように、コアカリの到達目標に含まれるキーワードをシラバスの授業の各回のテーマに明示的に記載するという方針で、対象科目の全てのシラバスを作成することにした。そして、この方針で各教員にシラバスとコアカリ対応表を作成してもらった後に、それを一名の教員（筆者）が全ての科目について、明示的に記載されているかを確認する作業を行った。

(3) コアカリによる教職課程の変化

　前節のような対応をした事によって、次の3点の変化があった。1点目は、担当する教員の裁量が減ったことである。コアカリの考え方として、「コアカリキュラムの定める内容を学生に修得させたうえで、(中略) 大学の自主性や独自性を発揮した教育内容を修得させることが当然である」[31]とあり、手引きにも『『教職課程コアカリキュラム』の内容に関係しない授業回があっても差し支えない」とはされているものの、到達目標を全て含めようとすると、結果的には全ての授業回がコアカリに対応するものとなった。ただし、その影響力の程度は科目によって異なり、コアカリが一般的／抽象的なものである場合には、その中で教員の自由に授業内容を決めることができたので、それまでの授業内容を変える必要はなかった。一方、いわゆる「含む事項」[32]に関する目標が設定されている科目は、複数回の授業についてテーマの変更が求められた。例えば、筆者が担当する「教育制度論」では、「学校と地域の連携」と「学校安全」を含めなければならなかったため、それぞれに対応する授業回を新たに設定した。2回分の授業を新たに入れた結果、学生の興味・関心が高かった教育財政を教えるために必要な時間を確保することができなくなった。この点に関して、武者(2019)の報告によると、「教えたい内容に時間をかけることが難しくなった」との回答が48.3%あったことから、約半数が同様の悩みを持ったようだ。

　2点目は、これも特に授業内容の変更を求められた科目に顕著であったが、授業計画を十分に立てられないままにシラバスを作成することになったことである。教員免許法施行規則改正から申請書類の提出の締め切りまでは約3ヶ月、コアカリの暫定版が公表された時期から数えても半年程度の期間の中で、通常の教育・研究の業務に加えて再課程認定への対応もしながら、新たな授業作りもすることは難しかった。特に、新たに含めることになった内容の多くが、今の学校現場が抱える課題に対応する実践的なものであったため、学術的な蓄積が少なく、それを大学生に対してどのように教えるのかという経験も知見もほとんどなかった。また、新学習指導要領に対応すること

が求められたが、高等学校についてはまだその新学習指導要領自体が公示されていなかった。このように時間も情報もない中では、授業計画を立てることは難しく、取り急ぎキーワードとなる語句を入れて授業計画を立てて提出をすることになってしまった。この点に関しては武者（2019）の報告でも、文部科学省の再課程認定にかかるスケジュールの遅れや対応の混乱などを、問題として挙げる回答がいくつか見られた。

　3点目は、授業の担当者を新たに探す際に、コアカリに対応する教育・研究業績を持つ者を選ぶようになったことである。今回は特別支援教育を担当する非常勤講師を新たに探すことになったのだが、コアカリの「特別の支援を必要とする幼児、児童及び生徒に対する理解」を参考にして、それに対応する業績を持っていることを確認した上で依頼した。というのは、近年では課程認定の審査において、シラバスに書かれた授業計画とそれを担当する教員の教育・研究業績との関連が厳しく審査されるようになっているためである。しかしながら、大学の数が少ない地方では、そうした担当者が多くいるわけではないため、担当者探しが難航した。これは、非常勤講師だけの問題ではなく、東北工業大学では、一人の専任教員が複数の教職科目を受け持つ必要があるため、それぞれの科目に対応した研究業績作りが課題となっている。この点に関して、武者（2019）の報告によると、「コアカリキュラムに基づくシラバスを作成するにあたって、大学としてどのような問題がありましたか。（複数回答可）」との問いに対して、「科目担当者の研究業績が不足していた」（41.1%）と、「新たな科目を担当できる教員を見つけることが困難であった」（38.3%）、といった、授業担当者に関する回答があった事から、同様の状況にある大学も多いことが分かる。

(4) コアカリの政策過程の課題

　武者（2019）の報告によると、シラバス案を作成した再課程認定申請時にコアカリとの関係で、文部科学省担当者から何らかの指導を受けたのは、回答全体の 19.6% であった。逆に、79.9% は指導を受けなかったということになるが、東北工業大学もその一つであった。指導を受けた大学の回答による

と、コアカリにある文言やキーワードを明記するよう、指摘されたとの事であるので、コアカリのキーワードを明示的にシラバスに記載するという方針は、再課程認定を受けるためには奏功したと推察できる。しかし、そのために前節で述べたような、授業計画の裁量と質、授業担当者の人事や研究に係る自由に、結果として一定の制限を受けることになった。それだけではなく、大学のカリキュラムに対する主体性や独自性さえも後退したようにも思える。なぜならば、コアカリに対応するにあたって大学内で見られたのは、カリキュラムを巡っての大議論ではなく、審査に落とされないように、通達等に書かれている以上の事を過剰に忖度して、カリキュラムや授業を編成する教職員の姿だったからである。こうした実態がどの程度一般性を持つものかは、現段階では定かではないが、田中 (2019) が述べている通り、特に教員免許状を取得することがミッションの中心ではない大学・学部で、なおかつ教職に関する科目を担当できる教員が少ない小規模大学においては、特にその対応に困難があったのではないかと考えられる。その全国的な実態については引き続き調査をしていく必要があるが、関係者の意見収集をほとんど行う事なく作られたコアカリを、十分な情報提供もなく再課程認定審査に使い、きわめて短期間で大学に対応させるという政策過程の下では、同様の境遇に置かれた大学は多かったのではないだろうか。

　中教審答申 (2015) では、前章で述べたとおり、開放制の原則に触れ、大学の自主性や独自性を尊重し、大学の主体的なカリキュラム編成や授業設計を推奨しており、コアカリも「大学が教職課程を編成するに当たり参考とする指針」[33] となっていた。しかし、それが再課程認定審査に使われたことで大学は萎縮し、審査を確実に通すために大学自ら「進んで」その裁量を制限するような対応をしてしまった。その事による、開放制を原則とする教員養成制度に与える影響は小さくはないだろう。

3.　大学における教員養成と育成指標

(1)　育成指標と大学をめぐる課題

　教育公務員特例法改正による育成指標の導入は、「教員になる前の教育は

大学、教員になった後の研修は教育委員会という、断絶した役割分担から脱却し、教育委員会と大学との連携・協働により教職生活全体を通じた一体的な改革、学び続ける教員を支援する仕組みを構築する必要がある」[34] ことに言及する中教審答申 (2015) が提示した「一体的改革」の方向性に合致している。また、育成指標は、大学等と教育委員会が「学校と地域の連携・協働体制を構築」し、「各地域の課題や特性」にも配慮して、「それぞれの立場・役割を尊重しつつ」教員の育成指標を作成することの必要性が指摘されている。その上で、「教員養成を主たる目的とする大学・学部以外の大学・学部においても広く教員免許状の取得が認められていることを踏まえる」こと、さらに「教職課程コアカリキュラム」の内容等を反映することが強調されている。

　このような動向に対して、「採用前段階 (着任時・養成段階終了時) の指標を策定することは、大学教育等を拘束することにつながるおそれがある」との指摘 [35] もあり、教員育成協議会が「明確な共通理解を確立することが極めて重要」[36] であるとも指摘されている。また、大学教育と初任者教育研修との接合が考慮されていない例があるとの報告 [37] がある一方で、「養成段階の意義を改めてとらえながら、教員としての自律性や職業観を深める時期として、キャリアステージに積極的に位置づけていくことが重要」との指摘 [38] もなされている。

　しかし、教員育成協議会の構成については設置者ごとに多様な実態があり、「指針」公表後の協議において大学側の見解がどのように反映されているのか、あるいは育成指標の設定が大学教育にいかなる影響を及ぼしているか、実態は明らかではない。そこで、本章では、山形県教育委員会および岩手県教育委員会を対象とする調査を踏まえ、①指標の協議に際し、大学はどのように関わったのか、②教育委員会は大学が指標をどのように扱うことを望んでいるのか、を検討していく。調査は、2019 年 5 月 9 日に山形県教育委員庁総務課に、同 16 日に岩手県教育委員会事務局教職員課に、それぞれ訪問して担当者より説明を受け、また関連する資料を収集した。

(2) 山形県及び岩手県の育成指標の策定過程と大学

①山形県事例

　山形県教育委員会では「山形県教員育成連絡会議」を 2016 年 7 月に設置し、そこでは山形県内の教職課程を設置する 7 大学の教員が、後の「山形県教員「指標」」(以下、「指標」) のたたき台を作成した「研修」ワーキンググループ (以下、WG とする) を含む 4WG のいずれかに参加している。同連絡会議を経て、山形県教員資質向上協議会が 2017 年に設置された。委員 14 名の内、6 名が大学教員となっている。

　同協議会にも 4 つの WG が設置され、「大学及び各学校の代表」等で構成されている。この内、志願 WG は「教員志願者の増加」を、養成 WG は「教員養成課程の再構築」を課題とし、いずれも大学における教員養成に関連している。

　WG の構成員名簿は非公表[39・40]であるが、「研修」WG は協議会委員とは異なる大学教員 2 名を含む計 8 名により構成されている。「指標」は 2018 年 1 月に策定され、これに基づく研修計画が同年 3 月に策定された。これを承けて、山形県教育センターでは「研修　キャリアアップシート」を全教員に配付し、セルフチェックのツールとして活用するよう呼びかけている。また、教育センターが実施する研修では、研修の内容と「指標」との対応を意識させる働きかけも始まっている。しかしながら、調査時点 (2019 年 5 月) では、「指標」の評価検証はまだおこなわれておらず、検証の方法も含めて今後の課題とされている。

　ここで、「指標」策定の趣旨の一つとして「本県教員が主体的に資質向上を図る」際の目安であることが挙げられている。「言葉遣いやマナーなどの社会人としての常識を身に付け、円滑な人間関係をつくることができる。」は校長会代表からの意見が、「学び続ける教師の重要性について理解している。」は、産業界委員の意見などが、それぞれ反映された項目である。

　これらの「着任時の姿」は、どのようにして初任者が身につけることが期待されているのか。山形県教育委員会では大学のカリキュラムに対して「指標」を反映させることまでは働きかけるつもりはないとしている。その上で、

山形県において教員となることを希望する学生や、教員となった初任者に対して、自ら山形県について学ぶことを希望しているとも述べた。この点でも、大学に対しては「自ら学ぶ姿勢」の育成が望まれていると考えることができよう。一方で、「着任時の姿」等の検討に際して大学教員が委員として関わっており、大学にとっても受け入れられる「着任時の姿」になっていると理解している旨の説明もあった。

②岩手県事例

　岩手県教育委員会では、2005年3月に「教職員の人材育成に関する検討委員会報告」を作成し、その時点で「採用段階での人材確保」、「大学との連携による人材育成」など、「岩手の教員に求められるもの」「ライフステージに応じて求められるもの」を目指して取り組むべき事柄をまとめている。このような人物像を示した上で、教員のライフステージを、当時の教員の基本研修にあわせて5期に分割し、さらにその前に「採用段階での人材確保」を位置づけている。また、「採用段階での人材確保」に関連しては、採用試験の実施要項などへの「岩手の教員に求められるもの」の明示、「岩手の教員に求められるもの」を反映した選考方法や評価基準、民間人面接官の起用の拡大などを今後の方向性として提示している。

　また、「大学との連携による人材育成」として、「本県が求める教員養成のために大学との連携を強化」等を挙げ、「教育委員会が大学に対して、『岩手の教員に求められるもの』などのニーズを積極的に伝えるとともに、（略）大学における養成をより一層充実するよう働きかける必要がある。」とした上で、教育委員会と大学が協議する場のほか、「教育委員会や学校のニーズを反映した教員養成のあり方について、大学へ積極的に働きかける。」等の取り組みを今後の方向性として提示している。

　教育公務員特例法改正に伴う「校長及び教員としての資質の向上に関する指標」（以下、岩手県教育委員会が使用する略称に従い「教員等育成指標」とする。）策定にあたっては、2017年6月に岩手県教員等育成協議会が設置され、また作業部会が設置されている。「岩手県教員等育成協議会設置要綱」によると、委員8名中、大学教員は1名である。また、作業部会員14名中、大学から

は1名の部会員が参加している。さらに、作業部会には名簿掲載者以外にもオブザーバーが参加しており、岩手県教育委員会の説明によると前述の部会員とは別に、教職課程を持っている大学から各1名が参加している。

　以上の組織による協議を経て、教員等育成指標は2018年2月に策定された。教員等育成指標に基づく研修計画は並行して検討され、「教職員研修の手引」等に反映されている。また、「資質向上のためのセルフチェックシート」をステージごとに作成し、基本研修の際および年度末に自己評価によりチェックを行うこととされている。また、「いわての復興教育」プログラム、岩手特別教育推進プランはそれぞれ2018年度まで、岩手キャリア教育指針は2019年度までの計画期間となっており、それぞれの次期計画期間にあわせた各取り組みの見直しにともない、教員等育成指標の見直しにつながる事項が明らかとなると予想されている。

　岩手県の教員等育成指標は、ライフステージにおける「採用時」の設定理由を、「教員の任命権者である県教育委員会と教員養成を担う大学とが新規採用教員に対して求める資質の水準を共有する観点」によると説明している。岩手県教育委員会では、岩手県として求める人材像を明らかにすることで、大学でも対応することを期待していると述べている。そして、大学の教員養成課程においては、作業部会における議論を踏まえて各大学で対応することを要望している。その一方で、採用前には岩手県として重要と考える事柄を志望者に対して伝えることを重視し、また、採用後には研修等を通じて伝えるなどのフォローアップが想定されている。

(3) 大学における教員養成と教員育成指標

　以上の調査より、大学における教員養成と指標はどのような関わりがあるか、以下で検討する。

　まず、指標の協議に際し、大学はどのように関わったのであろうか。山形県の事例では、大学教員は協議会委員としてだけではなく、WGのレベルでも委員として関わっていた。その際、教職課程を持つ県内の全大学から委員が出ている。一方で、各WGに全大学から委員が加わっているのではな

いため、WG の議論が大学にフィードバックされることを期待する場合、委員が参加していない WG についても議論の共有などが必要となる。しかし、今回の調査ではそのような実態は確認されなかった。

　岩手県の事例では、協議会委員あるいは作業部会の名簿上は教職課程を持つ大学の教員の関与が少ないようにみえるが、大学教員が作業部会にオブザーバーとして参加している。このことにより各大学の意見を議論に反映させるとともに、作業部会で確認された大学への要望がそれらの教員を通じてフィードバックされることが期待されていた。一方で、協議会には一部大学の教員しか参加しておらず、全体の議論を集約して各大学にフィードバックする道筋は、今回の調査では確認できなかった。

　次に、教育委員会は大学が指標をどれくらい意識することを望んでいるのかを検討すると、山形県の事例では、必ずしも大学のカリキュラムに対して指標への対応は求めていない。指標を意識すべきは山形県において教員となることを希望する者であり、大学には教員養成指標の内容について学び・理解できる学生の資質を育成することが期待されている。

　岩手県の事例では、岩手県が重視する視点を大学教育の中に取り入れることが求められている。しかし、その対象は教員等育成指標を策定する過程に参加した大学等が中心であり、他県等に立地する大学において同様の取り組みを行うことの困難さは認識されている。このような大学等の出身者に対しては、まず岩手県の教育課題を認識することを求めており、着任後の研修等でのフォローアップも可能であるとされている。

結　論

　中央教育審議会では、開放制と大学における教員養成は維持しつつ、養成・採用・研修の一体的な改革のもと、教員の資質向上のための教育委員会と大学の連携のあり方について議論された。具体的なあり方は指標の作成やコアカリの作成として提言された。そして検討会では、開放制に関する議論が行われ、コアカリと開放制は矛盾するとの認識はみられるものの、結果として現代日本の教員養成でその質保証をしていくためにはガイドラインが必要で

あるという点で「時代の要請」としてコアカリの作成が容認されていた。

　地方小規模私立大学である東北工業大学では、再課程認定の審査を確実に通すために、コアカリの到達目標に含まれるキーワードを明示的に含むようにシラバスの授業計画を作成することにした。その結果、「含む事項」のある科目を中心に担当する教員の裁量が減り、授業計画を十分に立てられないままにシラバスを作成することとなった。また、授業に対応した研究業績も審査されることから、担当教員を選ぶ際にもコアカリを念頭に入れて行うようになった。このように、コアカリが再課程認定の審査に使われることによって大学は萎縮し、再課程認定の審査を通す事を優先した対応を行うことになった。

　指標について、調査事例はいずれも指標の策定過程に参加した地域の大学の教員を通じて大学側の要望が指標に反映される道筋が用意されていた。その一方で、教育委員会側は指標を大学の教員養成カリキュラムに反映することを要望するものの、議論に参加した教員を通じた間接的なフィードバックにとどまっていた。この背後には、教育委員会と大学との「連携・協働」を通じた予定調和的な関係が想定されていると思われる。このような予定調和が成立しているか否かは、大学側の委員選出意図等と関わるため、今後の課題としたい。一方で、調査事例はいずれも、指標が示す初任者が持つべき資質を、教員志望者に対するメッセージとしても位置づけている。その理由として、当該地域の教員を志望する学生が必ずしも当該地域の大学に所属しているわけではない中での現実的な解が、予定調和的なフィードバックへの期待と、教員志望者に対するメッセージ性であると言えよう。

　このように現代日本の私立大学における教員養成は、文部科学省によるコアカリの拘束を強く受ける一方で、指標による影響は限定的であるという状況にある。また、本稿の事例からは、政策が大学や教育委員会に普及していく過程において、それぞれが置かれた状況や事情による受け止め方がなされ、対応されていたことが分かった。つまり、コアカリの政策としては、開放制の原則を維持するとの文言はあったが、コアカリそのものがこの原則にそぐわない自己矛盾をかかえており、また大学はその原則の下で自らの自主性を

守る事よりも再課程認定の審査を通す事を優先した対応をせざるを得なかっ
た。また、指標の作成は大学と教育委員会の協力・連携を目指した取り組み
であったが、都道府県教育委員会は予定調和的な立場から指標を認識してい
たため、大学の教職課程への直接的な影響は少なかった。

　こうした現状を踏まえ、改めて私立大学における教員養成はどうあるべき
なのかについて考えた場合、特に開放制の原則に関しては、大学の教員養成
の課程がもつ学芸と実践性の二つの側面をどのように融合するのかについて、
文部科学省と都道府県教育委員会との関係の観点から、適切で現実的な着地
点を探る必要があるだろう。そのためにも、今後は、こうした事例がどの程
度一般化しうるのかについて、質的・量的調査等を通して明らかにしていき
たい。

附　記

　本稿は、全国私立大学教職課程協会第 39 回研究大会第 2 分科会 (2019 年 5
月 26 日：近畿大学) で発表した内容に大幅に修正を加えたものである。

註

1　本稿は、序論と 1 を大迫が、2 を中島が、3 を泉山が、そして結論を執筆者
　　全員が分担して執筆した。
2　東北地区私立大学教職課程研究連絡協議会としての先行調査には、紺野祐
　　(2018)「宮城県版「教員育成協議会」と「教員育成指標」の試み：教育委員会
　　の求める教員像と大学における教員養成の視点から」(全国私立大学教職課
　　程協会『教師教育研究』31 号、25 ～ 35 頁。)、大迫章史 (2018)「大学におけ
　　る教員養成と教育委員会の求める教員像：東北地区を中心に」(『教師教育研
　　究』31 号、37 ～ 47 頁。) があり、東北地区私立大学教職課程研究連絡協議会
　　2019 年度秋季研究大会において雪田一による「大学における教員養成と青森
　　県教員等資質向上推進委員会」が報告されている。
3　佐藤修司 (2017)「教職課程をめぐる教育・学問の自由」『教育』2017 年 11 月号、
　　かもがわ出版、61 ～ 66 頁。
4　中央教育審議会答申 (2015)「これからの学校教育を担う教員の資質能力の
　　向上について」、32 頁。URL: http://www.mext.go.jp/component/b_menu/shingi/
　　toushin/__icsFiles/afieldfile/2016/01/13/ 1365896_01. pdf (2019 年 10 月 31 日 最

終閲覧）。本答申によれば、開放制とは「教員養成を目的とする学位課程に限らず，あらゆる学位課程において教職課程を設置し，教員養成を行うことができる」ことと認識されている。しかしながら、本稿の「はじめに」でも述べたように「開放制」という語は、その歴史的経緯を含めて理解しなければならないことを指摘しておく。

5　同上、18 頁。

6　同上、29 頁。

7　同上、49 頁。

8　同上。

9　同上。

10　「中央教育審議会（第 100 回）議事録」。URL:http://warp.ndl.go.jp/info:ndljp/pid/11373293/www. mext.go.jp/b_menu/shingi/chukyo/chukyo0/gijiroku/1364537.htm（2020 年 1 月 21 日最終閲覧）

11　同上。

12　「中央教育審議会（第 102 回）議事録」。URL: http://warp.ndl.go.jp/info:ndljp/pid/11373293/www. mext.go.jp/b_menu/shingi/chukyo/chukyo0/gijiroku/1369331.htm（2020 年 1 月 21 日最終閲覧）

13　同上。

14　同上。

15　「教職課程コアカリキュラム作成の背景と考え方」「教職課程コアカリキュラム」、1 頁。URL: https://www.mext.go.jp/component/b_menu/shingi/toushin/__icsFiles/afieldfile/2017/11/27/1398442_1_3.pdf（2019 年 10 月 31 日最終閲覧）

16　同上、2 頁。

17　なお、教員育成指標を策定する際には、教職課程コアカリキュラムの内容に配慮すべきことが述べられている（同上、4 頁。）。

　　教職の専門職性については、例えば、佐藤学が教師教育の高度化と教職の専門職化を推進する改革が進められ、世界の多くの国々において教師教育が大学院レベルとなり、また教職の地位と待遇は改善され、医師や弁護士などの専門職に近づける改革が進められているが、日本ではこうした教師教育改革が進んでいないと指摘する。（佐藤学「学びの専門家としての教師」佐藤学ほか編（2016）『学びの専門家としての教師』（岩波講座　教育　変革への展望 4）岩波書店、4 〜 5 頁。）。

　　実際、教職課程コアカリキュラムに関する検討会でも、コアカリと教師の専門職性に関連するような議論はほとんどみられない。今後、日本の教員養成教育を考えていくには、カリキュラム等についても教師の専門職性との関係で具体的な議論が求められよう。

18　「教職課程コアカリキュラム作成の背景と考え方」前掲、3〜4頁。

19　同上、4頁。

20　「教職課程コアカリキュラムの在り方に関する検討会第1回議事要旨」。
　　URL: http://warp.ndl. go.jp/info:ndljp/pid/11293659/www.mext.go.jp/b_menu/shin-gi/chousa/shotou/126/gijiroku/ 1377060.htm（2020年1月21日最終閲覧）

21　同上。

22　同上。

23　同上。

24　同上。

25　同上。

26　「教職課程コアカリキュラムの在り方に関する検討会第5回議事要旨」。
　　URL: http://www.mext. go. jp/b_menu/shingi/chousa/shotou/126/gijiroku/1414816.htm（2019年10月31日最終閲覧）

27　武者一弘（2019）「「教職課程コアカリキュラム」(2) コアカリキュラム導入に関する大学側の対応と課題」、全私教協第39回研究大会第10分科会発表③資料（2019年5月26日　於近畿大学）

28　田中真秀（2019）「コアカリキュラムを網羅した教職課程の実態：教育職員免許法改正に伴う現状と課題」(『川崎医療福祉学会誌』28 (2)、493〜500頁。)。

29　教職課程再課程認定などに関する説明会資料「資料2再課程認定申請について」（2017年8月28日版）、5頁。URL: http://www.mext.go.jp/component/a_menu/education/detail/__icsFiles/ afieldfile/2017/08/29/1388004_4_1.pdf（2019年5月16日最終閲覧）

30　文部科学省初等中等教育局教職員課「教職課程再課程認定等説明会の質問回答集（平成30年1月9日版）」質問 No.134。

31　文部科学省初等中等教育局教職員課「教職課程認定申請の手引き（平成31年度開設用【再課程認定】）122頁。

32　「各教科の指導法（情報機器及び教材の活用を含む）」というように、教育職員免許法施行規則の教科及び教職に関する科目に示された、それぞれの科目の領域の後に括弧で加えられた事項の事である。「情報機器及び教材の活用」のほか、「チーム学校運営への対応」、「学校と地域との連携及び学校安全」、「カリキュラム・マネジメント」、「カウンセリングに関する基礎的な知識」がそれに該当する。

33　中教審答申（2015）、33頁。

34　中央教育審議会（2012）「教職生活の全体を通じた教員の資質能力の総合的な向上方策について（答申）」

35　福岡教育大学（2017）『教員育成指標モデル開発のための調査研究報告書』

URL: http://www.mext. go.jp/component/a_menu/education/detail/__icsFiles/ afieldfile/2017/10/03/1395657_01.pdf（2019 年 5 月 16 日最終閲覧）

36　「校長及び教員としての資質の向上に関する指標の策定に関する指針」（文部科学省告示第五十五号、2017 年 3 月）

37　静岡大学「県・政令市・国私立大学の連携による「静岡版教員育成指標」のモデル化に関する調査研究」（平成 28 年度文部科学省委託　総合的な教師力向上のための調査研究事業成果報告書）URL: https://www.mext.go.jp/a_menu/ shotou/sankou/1395799.htm

38　牧瀬翔麻（2019）「大学の教員養成における「教員育成指標」の含意 : 政策過程の検討を通して」（『島根県立大学松江キャンパス研究紀要』58 巻、11 〜 19頁）。http://id.nii.ac.jp/1377/00001804/

39　属性レベルでの公表については山形県教育委員会の承諾が得られたため、本稿では属性のみ使用している。

40　山形大学「『平成 28 年度の業務実績に係る組織評価』の実施状況」によると、山形大学の 3 学部から 6 人（人文社会科学部 1 名、地域教育文化学部 4 名、理学部 1 名）が参画し、すべての WG の座長は同大学から参画した委員が選出されている。URL: https://www.yamagata-u.ac.jp/jp/files/3315/ 0413/7678/29_ organizationevaluation.pdf（2019 年 5 月 16 日最終閲覧）

Ⅱ　実践交流記録

「考える道徳」について考える

── 歴史的事例学習を通した道徳教育の試み

原口友輝（中京大学）

1. 学生の「道徳」授業経験の少なさ

　「特別の教科　道徳」（道徳科）が完全実施された。道徳科では、読み物教材における登場人物の心情の読み取りのみに偏った指導ではなく、児童生徒が道徳的な課題を自分自身の問題と捉え、物事を多面的・多角的に考え主体的に判断する授業の充実が目指されている。

　「考える道徳」への転換の中で、私が教職課程において実感する問題は、学生の授業体験の少なさである。毎年「道徳教育の理論と実践」を受講する学生にアンケートを行っている。そこでは、3分の1以上の学生が中学校段階での道徳の授業について「やらなかった」あるいは「記憶にない」と答えている（2019年度7クラス204名回答）。自分にとって「ためになった」授業の内容についての自由記述では、9割以上の学生が無回答か、「記憶にない」「特にない」と答えている。多くの学生にとって「ためになった」道徳の授業の記憶がない。また「自分たちの意見なのに誘導され、思ったことが言えなかった」と書く学生もいる。

　通常、授業をするにあたって人はまず自分の授業経験を参考にする。自分の授業経験をもとに、「あのような授業をしよう／避けよう」と考える。しかし、これから道徳科の授業をする学生にとっては、授業経験自体がほとんどないのである。自分自身に授業で「考えた」経験がなければ、児童生徒に「どう考えさせるか」を構想するのも困難であろう。

　したがって、学生自身に考える機会を提供する必要がある。大学の授業を受ける経験を通して、考える道徳授業を経験させたい。多様な授業の方法に

ついて教えたい。私はこのように考え、およそ 3 講義時間を使い[1]、米国を拠点とする NGO「歴史と私たち自身に向き合う (Facing History and Ourselves、以下文献の出典等含め FHAO と略記)」の提供する道徳教育プログラムをもとにした実践を学生に体験させてきた。それが理想というのではなく、そのような形の道徳授業もあり得るということを示したかったのである。

　以下まず FHAO の概要を述べ、次いで私が実践した授業活動について報告する。

2.　FHAO の概要

　FHAO は、「歴史の教訓を用いて、教師と生徒が偏見と憎しみに立ち上がるよう挑戦する」[2]ことを目指し、歴史的な事例をもとにして現在の社会の問題を考えるための教材と方法論を開発してきた団体である。そもそもはホロコーストの教材と教授法の開発を目的として 1976 年にボストンで発足し、活動の規模と範囲を拡大してきた。現在取り上げられているテーマは、ホロコーストをはじめ、ジェノサイドや人種差別の問題、公民権運動、近年では「南京事件」や第二次大戦中の米国における日系人強制収容の問題など、多岐にわたる。また教師に対し、それらの使用方法等に関してセミナーやワークショップを行ってきた。具体的な歴史的事例をもとにして考える多くの教材と方法論を開発、提供してきたのである[3]。

　FHAO には中心となる方法論が二つある。第一に、FHAO の提供する「スコープとシークエンス」(図 1) である。これは、学習者が自分自身や諸個人のアイデンティティなどの観点から歴史的事例を捉え、そのうえで再度自分の在り方に戻ってくるという方法である。学習者が教材の内容を「自分との関わり」から学ぶためのものであり、①「個人と社会」②「私たちとかれら」③「ケーススタディ」④「裁判と遺産」⑤「参加のための選択」の五つのセクションから構成されている。FHAO では発足当初からこの「スコープとシークエンス」を自らのプログラムの中心に据えてきた。

　第二に、多様な立場の諸個人の選択と、それらに影響を与えた要因に焦点を当てることである。すなわち、ある歴史的出来事に関与した加害者、犠牲

図1　FHAO のスコープとシークエンス

者、傍観者などの立場の人物の選択に焦点を当てる。その際、諸個人の取っ
た選択が良かったのか悪かったかよりも、なぜそのような選択をしたのか、
何がそのような選択に影響を与えたかを考えさせる。そうすることによっ
て FHAO は、自身の取る選択に生徒がより自覚的になることを目指してい
る。したがって、資料には当時の証言が多く用いられる。また歴史学だけで
なく、社会心理学研究の知見も盛り込まれている。また、使用される発問に
は「分析的発問」が多い [4]。我が国の道徳授業においては登場人物の気持ちや
心のありようを取り上げることが多いが、FHAO は内面だけでなく外的な要
因にも注目させるのである。

3. 「道徳教育の理論と実践」における FHAO アプローチの実践

　私の授業では、このような FHAO の方法と内容に基づいた実践を、「スコー
プとシークエンス」の構造を踏まえて行っている。その際、後述の (e)「水晶
の夜」や (h)「ホロコーストの救援者」の実践のように、基本的には FHAO の
授業プランに則った実践と、(d) ヒトラーに関するビデオ視聴や (k) 杉原千

畝の実践のように、私が我が国の資料を用いて FHAO 的なやり方で行った実践とがある。以下、特に断らない場合は後者の実践であり、2019 年度の実践である（(g) は 2019 年度では一部のみ）。それぞれの活動と説明に費やした時間は、(a)(b) が計 15 分程度であり、その後 (c) 以降で 3 講義時間（90 分× 3）である。おおよその時間を【】内に記す。各時間の合計が 60~80 分なのは、前時の復習をしたり FHAO とは別種の活動をしたりしている時間をカウントしていないためである。

(1) 個人と社会

(a)『僕はクマですよ』の動画視聴[5]と「アイデンティティ」を考える活動【10 分】

> 「最後の場面で、なぜクマは仕事をしてしまったのか。影響を与えたと思われる要因は何か。」（考えられる要因について、手元に三つ以上書く。）[6]

　FHAO の資料に基づいている。この活動の後、「アイデンティティ」とは「（自身の）定義づけ」であることを説明する。定義というのは区別することである。クマは最初自分を「クマ」であり人間とは区別していた。しかし工場の人間と動物園やサーカスのクマに「お前は人間だ」と言われ、自分のアイデンティティが揺らいでしまったのである。なお、省略しているが (a) の前に FHAO の概略を 5 分ほど説明してからの活動である。

(b) 自分自身のアイデンティティチャート作成【5 分】

> （ウェビングの要領で、）自分を構成しているものを 10 個以上書きなさい。
> 「その中で、自分が選んだものは何か。趣味や大学は基本的に自分で選んでいる。一方、兄弟や生まれた場所などは選べない。では、『日本人』はどうだろうか。選んだのか。」

　次のように説明する。生まれた場所は選べないのだから、「日本人」は基本的には選んでいない。しかし我々は「日本人として」振舞うことがある。その場合「日本人」を選んでいる。逆に、仮に自覚していなくても、他者から「日本人」とみなされ、時には「日本人であること」を期待、強制される。アイデ

ンティティには選んでいるものと選んでいない（選べない）もの、そして選ば
されているものがある。これらは明確に線が引けるわけではない。

(2) 私たちとかれら

(c)『マウスⅡ』[7] 及び「学校から追放されたユダヤ人」の提示 [8]【1時間目、5分】

　ナチスドイツ下において、「ユダヤ人」は自分を「ユダヤ人」であって「他と
は違う人間」だと意識させられていった。通常「私たちとかれら」では、個人
の帰属や集団間の問題が取り上げられるが、私の授業では時間の関係でこの
ような若干の説明にとどめている。

(3) ケーススタディ（ホロコーストに関する歴史）

　この部分では FHAO が中心的に教材開発してきたホロコーストの歴史に
ついて取り上げる。

(d)「映像の世紀　第4集　ヒトラーの野望」（チャプタ4および6[9]）視聴【25分】

> 「当時のドイツ人はなぜヒトラーを支持してしまったのか。どんな要因がかれ
> らに働いたのか。」（視聴しながら、少しでも関係のありそうなことを5個以上メ
> モする。指名で発言。）

　なぜ人々は後の独裁者ヒトラーを選挙で選んでしまったのかを、学生主体
で考えさせる活動である。この映像の視聴により、ナチスドイツに関する基
本的な知識も得られる。

(e)「水晶の夜：不正義の時代における意思決定」[10]【25分】

> (1) 〜 (5) の文章を読み、その中に登場する人物（3人以上）について以下の表
> を埋めなさい。（指名された学生（7人程度）は前で、いずれかの人物について①
> 〜④を板書する。）

表1　「水晶の夜：不正義の時代における意思決定」（実際の表は6行以上）

【誰が】①…による水晶の夜への反応	【何を】②その人はどんな選択をしたのか。	【なぜ】③その人がその行動をしたのはなぜか。どんな要因がその人の行動を動機付けたのか。（一つだけではない。）	④その人を、犠牲者、加害者、傍観者、行動者（立ち上がった者）のどれかに分類せよ。（二つ以上選んでもよい。）

　「水晶の夜」に関する授業プランに基づいている。「水晶の夜」とは、1938年11月9日夜から10日未明にかけてドイツとオーストリアで行われたユダヤ人への大規模な迫害行為である。配布資料は、(1)ユダヤ人への迫害に同調し一緒に建物を破壊しようとした少年の話、(2)ユダヤ人を助けドイツから逃げた家族の話（下記）、(3)翌日に割れたガラスを見て何が起こったか悟ったが、意識的に考えないようにした少女の語り、(4)自分たちの家をめちゃめちゃにされたうえ、父を逮捕された少年の証言、(5)当時の米国の人々がユダヤ人の受け入れに消極的だった事実についての記述である[11]。以下は(2)の資料（要約）である。

---

(2) 水晶の夜に反応したある家族の話[12]
　マリー・カーレ（教師）と夫（大学教授で教会の牧師）、そして子どもたちはボンで水晶の夜の事件を目撃した。マリーはこう書いている。
　　1938年11月10日昼頃に、親衛隊の男たちがユダヤ人の店を破壊していると知った。私の知らない間に、三男はすぐユダヤ人の時計職人の店に行き、貴重品を隠すのを手伝い、宝石と高級時計を箱に入れて持ち帰った。それからチョコレートショップに行き、オーナーが品物を運ぶのを手伝った。店が破壊されている間、かれは有価証券を持って裏口から抜け出してきた。おかげで後日それらをお金に換えてかれらに渡すことができた。翌日、息子たちはユダヤ人が店を片付けるのを手伝った。夫の職を危険にさらしたくなかったので私は参加しなかったが、そのかわいそうな人たちを何度も訪問した。しかしそのことが「人々への裏切り」だとして新聞記事になってしまい、夫はすぐに停職となって大学に入れなくなった。大学生だった長男も同様だった。また家の窓ガラスが割られたり、道路に「裏切り者！」と書かれたりするようになった。命の危険も感じるようになった。
　やがて、この家族はドイツを去った。

(f) アウシュビッツ・ビルケナウ博物館【25分】

> 「どんな要因がアウシュビッツでのユダヤ人等の大虐殺を可能にしたのか。」
> （スライドを見ながら、プリントに要因と考えられるものをメモする。指名で発言。）

　私が2012年秋にアウシュビッツを訪問した際の写真を提示する。殺害した収容者の数を洋服や靴の数で数えることで殺害を心理的に行いやすくしていたこと、カポーという制度によって収容者間でも序列があり、ナチスが直接虐待しなくてもよい構造になっていたこと、ガス室で殺害した遺体を収容者が隣の焼却炉で焼いていたことなどを、膨大な量の靴、眼鏡、鍋やコップ、義足、収容者の髪の毛（説明のみ）や、何重にも張り巡らされ電流が流されていた有刺鉄線、木のベッドや単なる穴にしか見えないトイレの写真などとともに、説明する。収容者の置かれた劣悪な環境だけでなく、心理的にも「効率よく」殺害が行われる場所となっていたことを伝える。ただし私の授業では遺体の写真などは提示しない。学生に強い心理的負担を突然与えてしまうのを避けるためである。

(g) 服従と同調：第101警察予備大隊（現在は「加害者：殺人を選ぶ」）[13]【2時間目、10分】

　授業プランに基づいている。歴史学者クリストファー・ブラウニングの「第101警察予備大隊」に関する「ユゼフフのある朝」の記述[14]を配布し次の問いについて考える。

> 「なぜトラップの提案を受け入れた人（「射殺する任務」を拒否した人）はほとんどいなかったのか。隊員の行動に影響を与えた要因は何か。」（五つ以上書き出す。指名で発言。）

　その後、社会心理学者スタンリー・ミルグラムの「アイヒマン実験」の内容と結果を提示し、普通の人がいかにして残酷なプロセスに手を染めうるかについて、「権威への服従」という観点から考える。あわせて「アイヒマンの後継者」という映画の予告編を視聴した[15]。

(h) ホロコーストの救援者：立ち上がる【30分】

四つの文章を読み、それぞれの人物について以下の表を埋めなさい。

表2 「ホロコーストの救援者：立ち上がる）

①「救援者」	②救援者たちが用いた方法にはどんなものがあったか。（代表して二つだけ。）	③救援者を動機づけたのは何か。
(1) ステファ・ドゥボルエク		
(2) マリオン・プリチャード		
(3) マグダ・トロクネと村の人々（以下略）		

　授業プランに基づいている[16]。ポーランド、オランダ、フランス、デンマークにおける四つの異なる立場の救援者を取り上げ、救援するに至った動機とその方法の多様さを考えさせる。文章の量が多いため、列ごとに最初に取り組む文章をこちらで指定し、別々の内容を板書させた（6~8人）。以下は、配布した文章の(1)と(3)である（要約）。

(1) 助けるという選択
　1942年、ステファと夫は、イリーナという若いユダヤ人女性を家にかくまうことになった。他に安全な場所が見つかるまでの、数日間だけの予定だった。しかし「数日」はやがて一週間になり、一週間が一ヶ月になった。他の隠れ場所が見つからなかったためである。
　数か月後、夫は自分たちが危険なため、イリーナに立ち去るよう求めた。しかし、ステファはイリーナをとどまらせた。代わりに夫が家を出ていった。もちろんステファは、自分も自分の赤ん坊も危険だと分かっていた。ステファは言う。「私は自分でイリーナを行かせられないと分かっていました。私たちはどんどん親しくなっていったのです。」
　やがて、1944年にワルシャワ蜂起が起こった。戦闘の拡大に伴い、危険すぎて家にいられなくなった。そこでステファはイリーナの顔を包帯で隠し、近所の人に「町に来たばかりの自分のいとこ」だと紹介した。しかしそれで終わりではなかった。

戦争の終る前に、ドイツ兵は市民をワルシャワの外に追放しようとした。そうなったらイリーナがユダヤ人であるとばれてしまう。そこでステファは大胆なやり方を取った。イリーナに自分の赤ん坊を預け、イリーナの子ということにしたのである。ドイツ兵は小さな子どもがいる母親は追放しなかった。これはステファにとっても非常に危険だった。結局ステファはうまく逃げ帰ってきたため、二人とも追放されずに済んだ。ステファは言う。「私に何ができたのでしょう。相手が犬であっても次第に親しくなります。とりわけイリーナのように素晴らしい人の場合には、なおさらです。私には他の行動はできなかったのです。」

（3）ル・シャンボン村：立ち上がった村

ヨーロッパ全体で、ユダヤ人を助けようとした個人は少なかった。しかし南フランスのル・シャンボン村では、コミュニティ全体が救援に関わった。ほとんどの人がカトリック教徒であるフランスで、ル・シャンボン村の人々はプロテスタント教徒だった。1940 年から 1944 年まで、ル・シャンボン村の人々は、ナチスの迫害から逃れてきた少なくとも 5,000 人に隠れ家を提供した。その中には 3,500 人ものユダヤ人がいた。

牧師の妻であったマグダ・トロクネは、その始まりをこう説明した。「最初のユダヤ人を受け入れたわたしたちは、そうするのが当たり前だと思ったからそうしたまでで、それだけのことだった。……わたしたちは座って考えて、こうしよう、ああしようと言い合ったのではない。考えている暇などなかった。……人間はみな兄弟だと思うか。ユダヤ人を追い返すことは正しいと思うか。じゃあ、助けようじゃないか。そういうことだった。」

40 年後にインタビューを受けた際、村の人々は自分たちをヒーローだとは思っていなかった。かれらは「自分のすべきことをしただけだ」と述べた。

これらの活動の後、FHAO の資料に掲載されている、大規模暴力の研究者アーヴィン・シュタウブの次のような言葉を紹介する。「善は、悪と同じく、しばしば小さな数歩から始まる。ヒーローは進化する。生まれるのではない。」救援者自身が小さな行動の積み重ねで救援者になっていった側面があることを学生に考えさせる。

（ⅰ）クラクフ歴史博物館（シンドラーの工場跡地）【10 分】

私が 2012 年に訪問したシンドラーの工場跡地の写真を数枚提示しながら、

オスカー・シンドラーについて説明する。ナチス党員だったかれは、金儲けのために開いた工場で次第にユダヤ人を匿うようになっていき、最終的にはドイツ軍司令部があったクラクフにおいて、1,200人の命を救った。上述のシュタウブの言葉は、かれのケースにも当てはまる。

(j)「六千人の命のビザ」前半[17]【25分】

　この実践は二部に分かれる。前半は杉原千畝に関するオーソドックスな道徳授業である。

> (一部省略)：「(1)杉原さんが、幾日も悩んだことは、どのようなことだろう。(2)杉原さんの苦悩の末の行動には、人々に対するどのような思いがこめられていたのだろう。(3)世界の平和に貢献するために、私たちができることはなんだろう。」(東京書籍の「六千人の命のビザ」を読み、(1)(2)について考えを記入する。指名で発言。(3)については考えるのみ。)

　最後に私がこのような授業に批判的である旨を伝え、その理由を考えておくよう述べる。

(k)「六千人の命のビザ」後半【3時間目、計45分(以下は内訳)】

　後半の活動に入る前に、現在のリトアニアの首都ビリニュスの様子やカウナスの風景、旧日本領事館(現「杉原千畝記念館」)や杉原一家が宿泊したホテルなどの写真を提示する。あまり知らない国で千畝の記念碑があちこちに建てられていることに学生は驚く。【10分】

　後半は、私がFHAO的なアプローチで行った実践である。①千畝の手記、②幸子夫人の思い出、③カウナスでのユダヤ人との交流、④千畝の任務、⑤ビザが無効にならないように行った千畝の画策、⑥孤独の中での決断[18]についての追加資料を配布し、考えさせる。両者を体験することで我が国の道徳授業とFHAO的な実践との違いを学ばせる意図がある。

> 「杉原さんにビザを書き続けさせたものは何か。」(「六千人の命のビザ」と新たに配布した資料をもとに、考えられる要因を、内的・外的の両側面から考え、10個以上書き出す。)[19]

　学生同士ペアで共有させたうえで、10人以上指名し、かれらの考えをウェ

ビングの要領で私が板書する。我が国では千畝の内面、「人道博愛精神」の
みに焦点が当たりがちだが、それ以外の要因もかれの行動に影響を与えてい
たであろうことを考えさせる。【25分】

　この後、杉原千畝がどうなったかを、当時の写真とともに簡単に説明する。
1947年にようやく日本に帰ってきたかれは、外務省を退職した。外務省か
ら退職を迫られたのである。この事実は現在の教科書では触れられていない。
しかし、クビになる覚悟でビザを発給し実際にそうなったという事実は、当
時のかれの状況と覚悟を知る上で無視できない。【10分】

(4) 裁判と遺産

　(1) 過ちの記録と記憶【15分】

　このセクションでは、過去に対して人々はどんな責任があるのか、過去の
負の遺産をどう記憶していくべきかなどのテーマが取り上げられる。私の授
業では、時間の都合で、私が訪れたベルリンの「ユダヤ人のための慰霊碑」、
ベルリンユダヤ博物館、ザクセンハウゼン強制収容所跡の写真を提示し、ド
イツでの取り組みを概観したうえで、「日本は自分たちの過ちを十分に記憶
してきたといえるだろうか。」と問いかけて全体を終えるにとどめている[20]。

4.　まとめと今後の課題

　人が何かを考える際には、そのための材料が必要である。FHAO は材料と
して、歴史的事例を用いる。そして歴史の中の諸個人の選択の検討を通じて、
かれらの選択と影響を及ぼした要因について生徒が考え、これから生きてい
くうえでの選択についてより深く考えるようになることを目指す。歴史的事
例をもとに自身の生き方を考えさせるのである。

　これは、我が国の道徳授業とは対照的である。我が国では、現実から離れ
たフィクションの物語が多く用いられる。フィクションの物語は生徒の考え
を一定の「価値」に誘導することに使われやすい。「考える道徳」といっても、
ねらいとする「価値」の範囲内で考えさせる傾向に陥りやすい。また、そこ
には「価値」を理解しそれを態度として身に付けていれば正しい行動ができ

る、という前提がある。しかし、歴史が示すように、ホロコーストにおいては、本来は善良であったはずの普通の人々が迫害をし、大規模な殺人に手を染めていった。そしてそれよりはるかに多い人々が非人間的な行動を積極的・消極的に傍観していた。

　我が国の道徳教育では、内面を重視するあまり、人間の行動への外的な要因の影響への警戒が少ない。「監獄実験」を実施し、自身もその状況下で正常な判断ができなくなってしまった社会心理学者フィリップ・ジンバルドーは警鐘を鳴らす。「そう、どんなに善良な人であっても、誘導され、そそのかされ、けしかけられて、邪悪な行動をとってしまう恐れはある。……自分はぜったい状況の力に屈するはずがないという誤った信念を抱くことで、状況の力に対する警戒心は不十分となり、実際にはかえって罠にはまりやすくなってしまうのだ。」[21] 人は思っているよりも外的な要因の影響を受けやすい。FHAO はこのような人間の行動に影響を与える外的な要因をも取り上げる。

　一方で FHAO は、外的な要因がプラスに働く側面も取り上げている。「救援者」のところで取り上げたように、ささやかな一歩を踏み出した人が、やがてその自分の一歩の影響を受けて次の一歩へ、さらに先へ、と進んだ事例も確かに存在する。思考は行動を導くが、行動も思考に影響を与える。次の二つは、この関係をとらえている学生の感想の一部である（波線と〔〕内は引用者）。このような認識を得る授業体験を学生にさせるべきであると考える。

　　支援者〔救援者〕になる構造がとてもおもしろい。人を助けて感謝されると、「私は感謝されたのだから、もっと何か支援できるはず。」とさらに献身的にサポートする。心はこのように善にも悪にも進化していくのだと分かった。（2018 年度）

　　救援者について、様々な理由で、方法で救援が行われていたことを知った。"ヒーローは進化する。生まれるのではない"という言葉について、初めは助けたいという気持ちや、良心がそれほど強くなくても、徐々に救援者になる〔下線原文ママ〕ということである。それはナチスに従ってしまった大勢の人でも、何かきっかけがあればユダヤ人を少しでも救う動きが生まれる可能性があったということだと考えた。大切なのは救

援者のように行動に移すこと。そして周りの人達を良い方向へと導くことであり、自分自身の日常生活においても言えることだと思った。(2019年度)

　最後に、学生の活動の評価について述べる。私の授業では毎時間感想を書かせている。学んだ内容を受けて、自分はどう考えたかを書くよう伝えている。そして基本的には感想の分量に応じて3段階で点数をつけている。それも伝えてある。もちろん感想の量と質は直結しない。しかし大抵の場合、量の多い感想からは学生が何を知ったか、それを知ることを通じてどんなことを考えたかがある程度は分かる。また量を意識させることは考えさせることにもなるだろう。学生が授業の内容を踏まえて考えた内容を多く記述していれば高い評価になる。あわせて試験では「我が国の道徳授業とFHAOの指導方法とはどう違うか」を問う問題を出している。これらには限界も多いが、現状としてはここまでにとどまっている。

　一方で、私の授業の評価に関しても、現状のやり方では限界がある。感想や試験の解答だけで授業による学生の認識の変容を把握するのは不十分である。一つの方法としては、感想を評価する尺度を用いることが考えられる。たとえば評価方法として、「わかる」「つなぐ」「生かす」の尺度から感想を評価するルーブリックが提案されている[22]。授業内容に関するルーブリックを作成したうえで、学生の感想を分析する、あるいは学生に提示してから感想を記入させるという方法があり得る。今後検討していきたい。

　感想について付言すると、毎回15名程度の感想の一部をプリントにして次週に配布している(全クラス共通)。授業内容を身近な事柄と関連させた考え、授業方法についての考察、私の考えへの意見など、できるだけ多様なものを載せている。質問と回答も四つほど掲載している。また文章での感想に加えて、授業に関連する絵や図を描いてもよいことにしている。それらも私が選んで配布している(50名以上が描いた絵の三分の一程度を掲載)。これらにより、一部ではあるが授業についての感想や考えを学生が共有できるようにしている。

　本稿は、2019年度全国私立大学教職課程協会第39回研究大会、東海・北陸地区協議会分科会における発表及び配布資料をもとに作成したものである。

註

1　2018年度まではおよそ4講義時間を費やしていたが、2019年度は時間を短縮した。

2　FHAOのHPより（https://www.facinghistory.org/about-us　2019.9.30）。この基本方針は2019年9月11日に新しく打ち出されたものである。

3　FHAOの活動内容とそのプログラムの評価について、次の拙稿で詳述した。原口友輝「『歴史と私たち自身に向き合う（Facing History and Ourselves）』によるワークショップ『アラバマ物語を教える』の検討―社会的事実に基づいて多面的・多角的に考える道徳授業を目指して―」、『道徳と教育』第337号、日本道徳教育学会、2019年、39-49頁。

4　永田繁雄「発問の『立ち位置』で柔軟な問題追求をつくる」『道徳教育』No.692、2016年2月号、明治図書、72頁。

5　FHAOの資料と動画は次を参照。https://www.facinghistory.org/holocaust-and-human-behavior/chapter-1/bear-wasnt　（2019.9.25）もともとの絵本は最近邦訳された。フランク・タシュリン文・絵、小宮由訳『ぼくはくまですよ』大日本図書、2018年。

6　以下、発問・指示は四角で囲む。括弧内は学生の活動内容である。

7　アート・スピーゲルマン著、小野耕世訳『マウスII―アウシュヴィッツを生きのびた父親の物語』、晶文社、1994年、50頁。

8　S・ブルッフフェルドほか著、高田ゆみ子訳『語り伝えよ、子どもたちにホロコーストを知る』みすず書房、2002年、42頁。

9　チャプタ7も重要な内容が含まれている。しかしそこまでだと25分間かかってしまい学生の考える時間がなくなる。そこで2018年度以降からチャプタ6までにした。

10　原口友輝「歴史的事例の探究を通じた道徳教育の可能性―『水晶の夜』を教える授業プランに着目して―」、『筑波大学道徳教育研究』第15号、2014年、33-42頁。

11　2019年度に提示した資料である。2018年度までは次の図書の授業プランと資料を使用していた。FHAO Decision-Making in Times of Injustice: A unit to supplement Facing History and Ourselves: Holocaust and Human Behavior, FHAO National Foundation, 2009, pp. 196-219. これはFHAOの中心となる資料集『ホロコーストと人間の行動』1994年版に基づいた授業プランを収めたものである。その大幅改定に伴い（FHAO Holocaust and Human Behavior, Revised edition,

Brookline, MA: FHAO National Foundation, 2017)、「水晶の夜」に関して (1) 〜 (5) のうち (5) 以外は新たな資料を用いた授業プランが提示されるようになった。そこで 2019 年度は暫定的に (2) の資料を新しい資料と入れ替えた。

12　FHAO 2017, op. cit., pp.379-380.

13　2019 年度は「アイヒマン実験」のみを取り上げた。「警察予備大隊」の位置づけや隊員の置かれた状況を短時間では説明しづらいためである。

14　クリストファー・ブラウニング著、谷喬夫訳『増補　普通の人びと　ホロコーストと第 101 警察予備大隊』筑摩書房、2019 年、24-26 頁。文中の台詞に括弧を補って配布した。

15　実験の様子を示した。「アイヒマンの後継者」アットエンタテインメント、2017 年。

16　この授業プランは 2007 年ごろ HP から入手したものであるが、現在は見当たらない。現在の類似の授業プラン（「ホロコースト：人々の反応の幅」）では、「救援者」のみならず「抵抗者」や「傍観者」も同時に取り上げられている。現在の資料を私が編集し、提示した。

17　この実践についてはすでに拙稿で論じたため、ここでは要点のみを述べる。原口友輝「多面的・多角的に考えさせる道徳授業―『杉原千畝』によるビザ発給の事例を中心に―」、『中京大学教師教育論叢』第 6 巻、中京大学国際教養学部、2017 年、1-34 頁。なお、資料や発問は、2018 年度までは、『中学道徳 2　明日をひらく』東京書籍、165-171 頁、及びその『教師用指導書』（112-113 頁）。2019 年度は、『新しい道徳 2』東京書籍、2019 年、94-101 頁、及び『教師用指導書研究編』（144-146 頁）を用いた。

18　2019 年度に加えた資料である。すぐ近くに上司や同僚がおらず誰にも相談できなかったという状況がビザ発給にはかえって幸いしたのではないかと書かれている。小谷野裕子『素描・杉原千畝』春風社、2017 年、127-128 頁。

19　2019 年度教科書「教師用指導書研究編」の「別案」にある発問である（147 頁）。2018 年度までは私が考案した発問「何が杉原千畝の行為（ビザ発給）を後押ししたのか。」を用いていた。ただし、「指導書」の方は厳密には書き始めたことよりも、書き続けたことに重点が置かれている。私の授業ではどちらの要因も考えるよう指示した。

20　「⑤参加のための選択」のセクションの内容は省略している。

21　フィリップ・ジンバルドー著、鬼澤忍、中山宥訳『ルシファー・エフェクト　ふつうの人が悪魔に変わるとき』海と月社、2015 年、348-349 頁。

22　石丸憲一『ルーブリック評価を取り入れた道徳科授業のアクティブラーニング』明治図書、2016 年。

Ⅱ　実践交流記録

大阪府における教員等育成指標の策定及び大学教職課程との連携について

西田恵二（大阪府立泉北高等学校）

1.「教員等育成指標」と「研修計画」の策定に係る組織編制について

　平成 29 年 4 月に教育公務員特例法が一部改正され、各都道府県の教育委員会に、①教員養成を行う大学等と構成する協議会を組織し、②「校長及び教員の資質の向上を図るために必要な指標」を定めるとともに、③その指標を踏まえた「教員研修計画」を定めること、が義務付けられた。

　その背景には、教職員の大量退職や大量採用の中で、教員のスキル、ノウハウがうまく伝承できなくなったこと、「主体的・対話的で深い学び」を実現するために教育課程や授業方法の改革をすすめる必要があること、及び大学での教員養成と採用後の教員の育成を継続して進める必要があること、が要因としてあげられる。

　これを受けて、大阪府においては、大阪府の教員採用者数の多い 5 つの大学（大阪教育大学、関西大学、近畿大学、四天王寺大学、大阪大谷大学）、府内の市町村教育委員会、及び小・中・高・支援学校の校長会の代表で構成された「大阪府教員育成協議会」を組織し、教員等育成指標と研修計画の策定について、検討をすすめることとなった。

　その後、本協議会の委員から様々なご意見をいただきながら、「校長及び教員の資質の向上を図るために必要な指標」と、その指標を踏まえた「教員研修計画」を平成 30 年 3 月に定めたところであるが、その策定に係っては、大阪府教育庁内既存の「大阪府教職員研修等企画推進委員会」及び当該指標と研修計画の作成ワーキンググループが実務を担った。（**図 1 参照**）

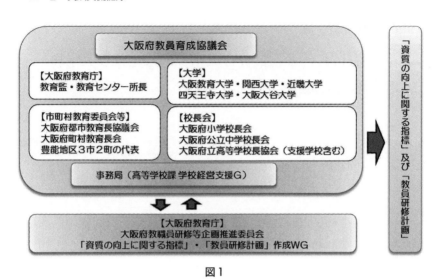

図1

2. 事前の取組みと「大阪府教員育成協議会」における議論について

　実は、当該指標と研修計画の策定に先立ち、大阪府においては、すでに平成25年度に独自の育成指標案の検討を始めていた。大阪府では、これを「OSAKA教職スタンダード」と銘打ち、翌平成26年度には「10年経験者研修の手引」や「初任者研修 校内研修・活用ガイド」等に掲載するなど、様々な人材育成の場面や研修の企画立案での活用を図っていたところであった。

　因みにその際の指標策定の趣旨・目的は以下に示すとおりである。

(1)　教員として共通に必要とされる資質・能力をキャリアステージごとに整理すること

(2)　教育センター（＝研修センター）におけるそれぞれの研修の目標をキャリアに沿って項目ごとに設定すること

(3)　校内での人材育成における参考資料として活用できること

(4)　教員個々が自らの資質・能力の向上をめざす際の参考資料として活用できること

したがって、今般の「大阪府教員育成協議会」では、「校長及び教員の資質

の向上を図るために必要な指標」、つまり「大阪府教員等育成指標」の策定に当たり、既存の「OSAKA 教職スタンダード」をベースとし、これをブラッシュアップするための協議を進めることとした。

　以下に「大阪府教員育成協議会」において各委員から出された意見を一部紹介する。

≪第1回大阪府教員育成協議会≫

- 学生のロールモデルは、自分の学生時代に接した教員である。
- 自分自身の専門教科を教えることに重点を置きすぎていて、子どものことを考える視点が弱いという感触がある。特に中学校、高等学校採用希望者はこの点が際立っている。
- 教職を希望する学生が保護者への対応について学ぶことが必要である。また、全ての学生が「特別支援」について学ぶ必須科目が必要である。
- インターンシップの重要性を認識し、それを推進する取組みが必要である。
- 指標については自己点検することができるものが必要で、実態より少し高めに設定することも大切である。

≪第2回大阪府教員育成協議会≫

- 教育公務員である以上、社会的責任が問われるので、「社会的責任」を記載すべきである。
- 教員採用試験では、第一に社会人としてのあり方、次に教育者としての専門性を見ている。
- 教員として生徒の気持ちを受容できる指標を入れるべきである。
- 受験する学生が多い自治体では、教員になってから研究体制がしっかりしていることが決め手であったという。研修体制を充実させることも必要である。
- この指標が現場でどのような議論になるのか。現場の教師がどのようにこの指標を受け止めるのか。また、現場でどのように活用するのかが大切である。

3.「大阪府教員等育成指標」について

　前述のようなご意見をいただきながら指標の作成作業を進めていったのであるが、ここからは、その「大阪府教員等育成指標」の中身について見ていこうと思う。

　まず一般教員を対象とする「OSAKA 教職スタンダード」の構成についてであるが、教員のキャリアステージを 5 段階に分け、それぞれのキャリアステージに応じた、身につけてほしい資質・能力がマトリクス形式で示されている。

　具体的には、第 0 期では、教職に就く前の準備段階として、大阪府が採用時に求める教員としての資質能力、求められる教員像を示している。第 1 期は初任期であり、教員としての基礎的な力や実践力を求めている。第 2 期はミドルリーダー発展期。知識や経験に基づき専門性を高め、積極的に実践を積み重ねる、教員としての自立する時期と捉えている。第 3 期はミドルリーダーとして深化する時期。ミドルリーダーとして組織を活性化する、同僚や経験の少ない教員への指導的役割を担うことを求めている。最後の第 4 期はキャリアの成熟期である。学校運営上の重要な役割を担当する。豊富な経験を生かし、広い視野で組織的な運営を行うことが求められる。

　それらを横軸とし、縦軸には、まず「共通の指標」として、学校種を越えて教員として共通に必要とされる資質能力を 5 つの領域と 15 項目に分けて示した（**表** 1 参照）。

　それに加えて、支援学校（学級）の教諭、養護教諭、栄養教諭の 3 つの職種については、その専門性に合わせてそれぞれ 3 項目を立て、別途「職に応じた指標」を作った。

　また、管理職をめざす教員を対象として別途策定した「スクールリーダースタンダード」に関しては、横軸をリーダー養成期、首席（＝大阪府では主幹教諭のことを首席と呼んでいる。）及び指導教諭、教頭、校長及び准校長（＝定時制、通信制、支援学校高等部等に配置。校長の命を受け、校務を掌理し、その課程の所属職員を監督する。大阪府の場合は校長級として、副校長ではなく准校長としている。）の 4 段階に分け、縦軸にスクールリーダー（管理職）として必要とされる

表1　OSAKA教職スタンダード「共通の指標」における5領域15項目

領域	項目
Ⅰ 教育への情熱と教育者にふさわしい基礎的素養	1 人権尊重の精神 2 危機管理能力 3 学び続ける力
Ⅱ 社会人としての基礎的素養	4 課題解決能力 5 法令順守の態度 6 事務能力
Ⅲ 学校組織の一員としての行動力や企画力、調整力	7 協働して取り組むことができる力 8 ネットワークを構築する力 9 マネジメントする力
Ⅳ 子どもたちを伸ばすことができる授業力、教科の指導力	10 授業を構想する力 11 授業を展開する力 12 授業を評価する力
Ⅴ 子どもの自尊感情を高め、集団づくりなどを指導する力	13 子どもを理解し一人ひとりを指導する力 14 集団づくりを指導できる力 15 子どもを集団づくりの中でエンパワーできる指導力

資質能力を「経営的視点（課題設定・解決）」「組織管理・運営」「人事管理・育成、服務管理」「危機・安全管理」「学校事務・財務」「渉外」の6領域に分けた。

　図2は、「OSAKA教職スタンダード（共通の指標）」の第0期の一部を抜粋したものである。例えば、右側上のセルを見ると、「Ⅳ子どもたちを伸ばす事ができる授業力、教科の指導力」という領域の「授業を構想する力」の項目においては、第0期、つまり、教職に就く前の準備段階として、「学習指導要領を理解する」こと、具体的には、「学習指導要領解説を熟読し、学習指導や自立活動の在り方を理解して、授業のイメージをもつことができる。」ことを求めていることがわかる。

4.「大阪府教員等研修計画」について

　このように、「大阪府教員育成協議会」では、まず「大阪府教員等育成指標」を定め、これをもとに「大阪府教員等研修計画」を策定した。それは、一人ひとりの教員がそれぞれのキャリア（経験や職責）に応じて計画的に研修等に取り組み、自らの資質・能力の向上を図ることができるようになること、及び児童生徒を取り巻く今日的な課題に自信を持って取り組めるようになるこ

		第○期				第○期
1	人権尊重の精神	**人権意識、人権感覚を身に付ける** ○個人の尊厳をはじめ、自他の人権を尊重することの意義や必要性を認識し、態度やスキルを身につけている。 ○様々な人権課題についての基礎的な知識を持っている。	10	授業を構想する力	**学習指導要領を理解する** ○学習指導要領解説を熟読し、学習指導や自立活動の在り方を理解して、授業のイメージをもつことができる。	
2	危機管理能力	**安全に関わる基礎的な知識を身に付ける** ○学校安全に関わる基礎的な知識を身に付けるとともに、身の回りの危険を察知し、回避することができる。	11	授業を展開する力	**授業に必要な基本的なスキルを身に付ける** ○授業を活性化するためのコミュニケーションスキル[聴く・話す・伝える]等の方法を身に付けている。	
3	学び続ける力	**省察力及び理解力を身に付ける** ○教育への情熱を持っている。 ○省察力[自ら振り返り、良し悪しを考えることができる力]を身に付け、常に成長しようとする意欲を持っている。	12	授業を評価する力	**授業評価とは何かを知る** ○授業改善のために、目標に準拠した評価、指導と評価の一体化の意義を理解している。	

（左列：Ⅰ　教育への情熱と教育者にふさわしい基礎的素養／右列：Ⅳ　子どもたちを伸ばす事ができる授業ができる授業力、教科の指導力）

図2

とを期待してのものである。

　スマートフォンや iPad 等タブレット端末をお持ちの方は、この研修計画を右の QR コードから見ることができる。このコードをコードリーダーで読むと、大阪府の HP につながり、そのページの中の「『大阪府教員等研修計画〜未来を拓く教育をめざして〜』（平成30年3月発行）」を選択していただくと、実物を見ることができる。

　図3はその研修計画の11ページに記載のある「OSAKA教職スタンダード（共通の指標）」の一部である。各教員は、自分が今、この指標のどの位置にあるのかを確認しながら、研修を受けることになる。

　さて、ここで改めて注目すべきは、大阪府のみならず、全国の自治体の教育委員会が策定した「教員等育成指標」の多くが、教員となった後のキャリアステージに応じて身に付けるべき資質・能力と共に、採用時に求める資質・能力も併せて示していることである。

資質・能力 ＼ キャリアステージ			第0期 採用時（教員養成期における到達目標）	第1期 初任期	第2期 ミドルリーダー発展期	第3期 ミドルリーダー深化期	第4期 キャリアの成熟期
			○ 大阪が採用時に求める教員としての資質・能力。求められる教員像。	○ 教員として基礎的な力や実践力を身に付けている。	○ 知識や経験に基づく専門性を高め、積極的に実践を積み重ねる。 ○ 教員としての自立期。	○ 分掌や学年など組織のミドルリーダーとして専門性や自らの実践をもとに組織を活性化する。 ○ 同僚や経験の少ない教員への指導的役割を担う。	○ 学年の組織の長を担うなど学校運営上の重要な役割を担当する。 ○ 豊富な経験を生かし、広い視野で組織的な運営を行う。
I 教育への情熱と教育にふさわしい基礎的素養	1	人権尊重の精神	**人権意識、人権感覚を身に付ける** ○ 個人の尊厳をはじめ、自他の人権を尊重することの意義や必要性を認識し、態度やスキルを身に付けている。 ○ 様々な人権課題についての基礎的な知識を持っている。	**人権尊重に基づいた子ども理解ができ、指導することができる** ○ 子どもの気持ち、願い、背景を理解した上で適切な指導ができる。 ○ 子ども一人ひとりを尊重するとともに豊かな人間関係を築くことができる。	**学校の人権教育推進のために行動できる** ○ 学校の課題を把握し、課題解決に向けて取組みを進めることができる。 ○ 人権尊重の教育を推進するために、経験の少ない教職員に助言することができる。	**学校の人権教育及び地域啓発を企画・推進し、教職員を指導できる** ○ 学校の課題を把握し、課題解決に向けた企画・推進の中心的役割を果たす。 ○ 地域・関係諸機関と連携して、人権尊重の教育を推進し、教職員に助言することができる。	**人権尊重を基盤とした学校づくりができる** ○ 人権尊重の理念に基づき、学校経営計画の策定に参画することができる。 ○ 人権教育に関わる校内の課題について、全教職員に適切に指導することができる。
	2	危機管理能力	**安全に関わる基礎的な知識を身に付ける** ○ 学校安全に関わる基礎的な知識を身に付けるとともに、身の回りの危険を察知し、回避することができる。	**学級等の安全管理ができる** ○ 学校の危機管理に必要な知識を持っている。 ○ 知識に基づいた安全管理のための適切な対応ができる。	**学校安全のために組織的な行動ができる** ○ 学校安全について、知識だけでなく、理由や背景などの深い理解を持っている。 ○ 危機管理に向けて、学校の組織活動の中での役割を意識し行動できる。	**学校における危機管理体制を点検し、改善できる** ○ 学校安全に関わる研修等を企画し、実施することができる。 ○ 学校における危機管理体制［危機管理マニュアル等］を点検し、改善することができる。	**学校・家庭・地域・関係諸機関との危機管理体制を確立できる** ○ 学校を取り巻く危機管理について、学校・家庭・地域・関係諸機関との協力体制を確立できる。 ○ 管理体制が十分であるか常に状況を把握し、緊急の場合に適切な判断ができる。
	3	学び続ける力	**省察力及び理解力を身に付ける** ○ 教育への情熱を持っている。 ○ 省察力［自ら振り返り、良し悪しを考えることができる力］を身に付け、常に成長しようとする意欲を持っている。	**優れた取組みに学ぶ姿勢を持つ** ○ 先輩教職員の優れた取組みに学び、自己成長を図るための努力をする。 ○ 自らの取組みを省察し課題を見出す。	**幅広い専門性を求める** ○ 省察力を活かし、幅広い専門性に基づキャリアプランを立て、教職員としての成長意欲を持ち続ける。 ○ 個人だけでなく、他の教職員とともに学ぶ姿勢を持っている。	**最新情報を収集し、実践を発信する** ○ 学校外から最新の情報を収集し、自らの実践を検証し改善し続けるとともに、積極的に発信することができる。 ○ 自らの成長だけでなく、教職員集団としての成長のために取り組むことができる。	**学校教育目標達成のための情報を収集する** ○ 国や府の動向や情報をもとに、自校の状況を分析し、課題を発見することができる。 ○ 学校教育目標達成のための課題を明確にし、改善に向けての方向性を示すことができる。
II 社会人としての基礎的素養	4	課題解決能力	**自分の課題を認識し、課題解決に努める** ○ 自ら課題解決のために努力するとともに、他者に相談するなど行動することができる。	**子どもの課題を把握し、解決に向けて行動できる** ○ 子どもとの関わりの中で課題を発見できる。 ○ 課題解決のために他の教職員・管理職に相談しながら解決に向けて行動することができる。	**学年［学校］の課題を把握し、解決に向けて行動できる** ○ 学年や分掌など、所属する校内組織で生じている課題を把握し、解決する方策を考えることができる。 ○ 課題解決に向けて検討する際に、他の教職員管理職等との調整を行うことができる。	**学校の課題を把握し、解決に向けて行動できる** ○ 学校内の様々な場面で生起する課題について、意識的に把握することができる。 ○ 課題を克服するために教職員の意見等を取りまとめ、取組み案を示すことができる。	**課題解決に向けて適切な指針を示す** ○ 大局的に物事をとらえ、学校内外の教育課題を把握し、適切に対応案を示すことができる。 ○ 課題解決に向けて、進捗状況を把握し、必要な指導・助言を行い、改善に努める。
	5	法令遵守の態度	**一般常識を身に付ける** ○ 社会人としての一般常識を身に付けている。 ○ 教員として、職務を遂行する上で必要な教育に関する基礎的な法規や理論を知っている。	**教育公務員として法令を遵守する** ○ 社会人としての常識的で理性のある行動ができる。 ○ 教育公務員として法令を遵守した行動ができる。	**法令への深い理解を持つ** ○ 教育関係の法令に関して、その意味や背景を理解している。 ○ 法令への深い理解に基づいて、経験の少ない教職員に適切な助言ができる。	**法令遵守の精神を教職員に助言する** ○ 教育公務員として法令を遵守し、他の教職員のモデルとなる行動ができる。 ○ 法令遵守の観点で不適切な事態があれば、修正する指導力をもっている。	**法令遵守の精神を教職員に指導する** ○ 自ら常に法令遵守を意識し、教職員の模範となるとともに、法令遵守の大切さを教職員全体に指導できる。 ○ 法令遵守の観点で校内全体を点検し、不適切な実態が発生しないように事前の対策をとることができる。
	6	事務能力	**提出期限等を守る** ○ 資料やデータについて適切な処理ができる。 ○ 提出書類等の趣旨を理解し、期日までに提出できる。	**計画的かつ正確・丁寧に処理できる** ○ 自分が担当する事務を計画的に進め、遅延なく正確・丁寧に処理することができる。	**効率的に処理ができる** ○ 学校・学年・分掌・委員会等に関わる事務を効率的に行うことができる。 ○ 関係者との調整を行い、効率的に処理することができる。	**他の教職員と協力し効率的に処理できる** ○ 校内及び対外的な事務を、処理することができる。 ○ 各教職員の事務処理能力を踏まえ、適切な分担をすることができる。	**作成した書類等について点検できる** ○ 全ての事務処理に関わって教職員の作成した書類等についても点検できる。 ○ 正確で効率的な事務処理の方法について指導することができる。

図 3

このように「教員等育成指標」は「養成」と「採用」、「研修」の一体性を確保するための接続ツールとなっており、大学卒業時あるいは教員採用受験時に身に着けておくべき資質・能力を到達点として、その育成のためにどのような教育を行うかで教職課程のカリキュラムや実践内容が決まるのだとすれば、その決定に際しては、大学が所在する特に近隣の教育委員会が策定した「教員等育成指標」に見る「採用時に求める教職としての資質・能力」と採用後の「教員研修計画」に十分な意を払うことが必要になると考える。

次に、この研修計画における、もう一つの大きな要素を紹介する。それは「自己評価シート」というツールである。これは、教員一人ひとりが自分の資質・能力向上のビジョンを持てるよう作成したもので、「大阪府教員等研修計画」の 21 ページ以降に記載がある。**図 4** に示したのは、1 年目の教員の記入例である。

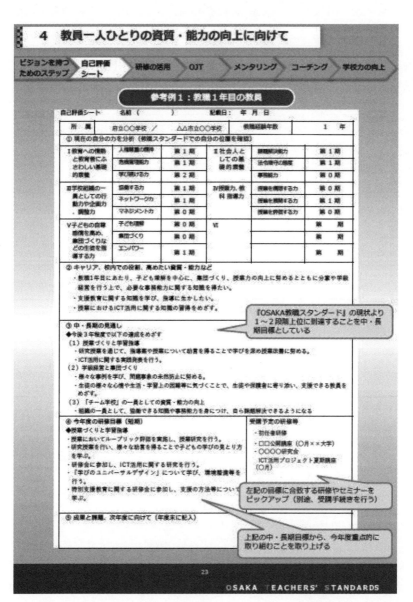

図4

　教員は、現在の自分の立ち位置を確認し、見通しを立て、教員としてのキャリア、校内での役割、高めたい資質などを整理したうえで、具体的な研修目標を立てる必要がある。そして研修を受けた後は、身に着けた知識やスキルを実践に生かすことはもちろん、研修を真に自分の資質・能力向上に生かすためには、さらに実践後に「振り返り」という作業を行い、成果と課題を整理して、次の取組みにつなげていくことが必須となる。

　このことは、教員を学生、研修を講義または学習活動と置き換えれば、大学で教職課程を学ぶ学生にも当てはまるのではないだろうか。

　「自己評価シート」は、自分の力の分析から、実践後の成果と課題までを1枚のシートにまとめたもので、自己研鑽におけるPDCAサイクルを見える化したものと言える。大学生にとっても、自らの目標達成のため、その学習計画に生かすことができるツールではないかと思うがいかがであろうか。

　「大阪府教員等研修計画」策定から早や1年が過ぎた。今、大阪府教育庁では、採用を意識した育成指標そのものの工夫改善のほか、研修計画の活用方法の例示や自己評価シートの改善等、検討を進めているとのことである。より実践的で使いやすい「育成指標」と「教員等研修計画」となることを期待しているところである。

5．大学との連携について

　最後に、高等学校の校長として、大学の教職課程に期待したいことについて、私見をいくつか述べたいと思う。

　今、高等学校等の学校現場では、授業の進め方についての工夫改善、つまり教員主導の講義型授業から生徒中心の活動型授業、いわゆるアクティブラーニング、「主体的・対話的で深い学び」への転換が図られている。ペアワーク、グループワークが導入され、反転授業が試され、パソコンやプロジェクタ等のICT機器の使用頻度も高くなってきている。

　これから教員になろうという人は、これまで同様各専門の知識や技能を身に着けておくことに加えて、これらの新しい授業形態にも通じておくことが必要となっている。学生時代に、学習指導要領の理解とともに、これらのノ

ウハウの基礎を学んでおいてほしいというのが、現場の校長の願いである。

　次に教育実習、学校インターンシップ等の実践的教育について。これらは、教員をめざす学生が学校現場の教育活動を実体験できる貴重な機会である。しかしながら、受け入れる立場の教員からすれば、必ずしももろ手を挙げて歓迎する類の業務ではなく、労多くして功少ないと感じることもある制度である。例えば、教育実習生が担当する授業一つとっても当然のことながら拙いものもあり、場合によっては指導する教員が改めてその授業をやり直すということもあるのが実態である。将来の教育を担う人材を育成するという大きな意義はあるにしても、教員の働き方改革が叫ばれている中で、直接的には自校の生徒の学力向上等に結びつかないものに多くの時間と労力を費やせないとの心情は理解できるところがある。

　そこで、これらの取組みをより効果的なものとするためには、大学だけでなく、受入れ校やその教職員にとってもメリットがあり、双方が Win-Win の関係となる制度であることが望まれる。オリエンテーションやセミナー、個別指導等、学生に対する事前指導を充実させるとともに、到達すべき「ラーニングアウトカム」を明確化して実効性のある取組みとすることをめざすのは勿論のこと、例えば、実習期間中に実習生や中・高教員等による公開授業を連携して実施し研究協議を行う、あるいは最新の教授法・指導法等についての大学教員による中・高教員向け研修会や、実習終了後に教職希望の中・高校生等を交えた実習生等の体験報告会を開催するなど、受入れ側にとっても意味のある取組みを導入する等の工夫を期待したいところである。

　大阪府教育委員会では、現在、近隣の 25 の大学と包括連携協定を結んでおり、以下に示すような事業について連携協力を行っている。

①　学校のニーズに応える教員の養成を推進すること
②　学生等による学校教育活動への支援を推進すること
③　高校等と大学の教職員相互の交流・研修を促進すること
④　教育上の諸課題に対応した調査・研究を実施すること

　高大等連携の目的は、大学においては高等学校等の状況を把握し、学習内容の工夫改善を図りながら意欲のある学生を育成することにあり、高等学校

等においては高校生等の多様な能力を伸ばし、その進路選択に役立てることにある。大学と高校及び教育委員会の三者の連携は、大学の教職課程における実践的な学習の充実のみならず、高校においては上級学校との交流によるキャリア教育等の充実、教育委員会においては学生及び生徒のニーズに即した教育行政の推進にそれぞれ大きく寄与するものであると考える。

　今回、ご紹介した大阪府の取組みが、多くの大学のカリキュラムづくりや学生自らの学習計画の参考になれば、また、高大連携等が進むことで教員、教職をめざす学生、生徒のニーズに応えることができたら、大変うれしく思う。

※　第39回研究大会シンポジウムにおける当方による発表の直後、令和元年5月末に大阪府教育委員会は「OSAKA教職スタンダード」及び「教員等研修計画」について改訂を行った。上記執筆内容は発表時（＝改訂前）のものをベースとしており、基本的な趣旨・目的や考え方等に変更はないものの、現在は表記の仕方や記載内容が変わっている個所があることをご了解いただきたい。（なお、文中のQRコードは引き続き有効である。）

　　具体的には、「OSAKA教職スタンダード（共通の指標）」をはじめとする各指標の縦軸と横軸を入れ替えるなどレイアウトを変更し、5つの領域や職種ごとに分割して掲載するなど大変見易くなった。また、教員一人ひとりの資質・能力の向上に向けて、自己評価シートにレーダーチャートを導入し記入項目を再検討するとともに、人材育成の各種スキルについてのわかりやすい解説を加えるなど、さらなる活用に向けた工夫改善がなされている。

ノートパソコンを活用した特別支援教育関連科目の演習・講義

——発達障害児の科学的理解の促進と支援のための基礎能力の育成を目指して

安東末廣（宮崎国際大学）

はじめに

　筆者の発表した第4分科会のテーマは「特別支援教育に対応した教員養成の試み」であった。これは2019年度より施行される特別支援教育の必修化を想定しての企画であった。本分科会では、企画者の意図で述べられているように、平成27年度の中教審答申において新しい時代の教員に求められる資質能力が提示され、その資質能力の一つとして挙げられているのが発達障害を含む特別な支援を必要とする児童生徒等への対応力であった。各発表者がこの点について議論することを求められた。

　筆者はスクールカウンセラーとして小中学校において、児童生徒、保護者、教師の支援活動を行っている。学校現場では発達障害のある児童生徒は各クラスに数名ずつ在籍する可能性があるとの印象を持っている。また、学校では発達障害の誤った原因論として親の教育力低下、児童生徒の性格、集中力欠如等が挙げられているのが現状である。学校や教師にとって、特別支援教育はもはや特別な専門領域ではなく、通常の学級経営の一環となっているというのが筆者の認識である。

　筆者の所属する学部では小学校教師、幼稚園教諭、保育士を養成しているが、このような現状の認識に立てば、学生が大学で身につける必要のある対応力として、①発達障害に関する脳機能について理解ができること、②発達障害を客観的に把握できること、③保育的、教育的支援のための指導内容や指導方法を身につけることの3点が挙げられる。

　特別支援教育関連科目の演習と講義を担当する筆者は、学生が以上のよう

な3点について身につけるためには、ノートパソコンの活用が必要との考えに至った。その理由として、大学貸出用のパソコンを活用した演習と講義を行えば、学生は教員の指摘する資料の収集が容易になり、それらの資料を自身のパソコン上で見ながら説明を受ければ、理解が容易になるであろうと考えたからである。

1. 担当授業科目とねらい

　教育学部児童教育学科は定員50名で2コースからなる。小幼コースでは小学校教諭一種免許状と幼稚園教諭一種免許状、幼保コースでは幼稚園教諭一種免許状と保育士資格が取得できる。

　担当する特別支援教育関連科目は、「障害児保育」(3年前期：演習、2単位)と「特別支援教育概論」(3年後期：講義、2単位)である。

　受講学生は2つのコースのいずれかに所属し、両科目とも「保育園実習」及び「小学校実習」の受講後に実施するため、実習の経験が生かせるような理解状況にある。

(1)「障害児保育」：テキストを使用している。(『新・障害のある子どもの保育・第3版』、伊藤健次編、 みらい、2016)

　この科目では、保育園や幼稚園、認定子ども園等の保育場面を扱うことが中心となっている。初回には、実習園での体験を発表してもらうが、特に障害の疑いのある園児について体験したことを話してもらい、名称の挙がった障害について筆者がその概略の説明を行っている。

　授業では毎回、復習に替えて前回のキーワードを学生から挙げてもらい、筆者が簡単な解説を加えて定着を図るようにしている。演習科目であることから、アクティブ・ラーニングを意識したやり方を取り入れており、第2回から第6回まで、テキストの最後部に掲載されている演習事例を扱う。発達障害、知的障害、肢体不自由などについて保育場面で生じた問題について検討するが、この取り組みは障害の具体例についての理解や保育者の対応について学ぶ機会となっている。なお、第6回では、これまでに習ったキーワー

ドとその説明についての記述をするレポートを作成している。

　初回より学生はノートパソコンを用いて教員より指示のあった障害特性、脳機能、指導の理論と技法に関する画像や障害に関するキーワードの検索を行い、自身のパワーポイントにコピーをして貼り付ける作業を行っている。脳機能の画像では、学生に理解しやすいような説明文を提示し、それをパワーポイントのスライドの中に挿入するように指示している。

(2)「特別支援教育概論」：テキストは使用していない。

　この科目では、学校教育の場面を扱うことが中心となっている。受講学生は、そのほとんどが上記の演習科目を受講しているが、受講しなかった学生も加わる。新たに受講した学生は障害に関する知識をほとんど持ち合わせていないために、受講生の間で理解度に大きな差が生じている。

　初回には、小学校実習で特に障害またはその疑いのある児童について体験したことを話してもらう。名称の挙がった障害や学校での対応の仕方や子ども自身の困り感などについて筆者が解説を行っている。

　初回より学生はノートパソコン上で、前期の演習科目で作成した脳機能や指導に関するキーワードのパワーポイントを開き、筆者の説明を聞きながら理解を深めていくことにしている。ただ、新たに加わった学生については、事前にパワーポイントのコピーを前期に受講した学生から貰うように指示している。

　また、本講義で新たに登場する教育制度、学習指導要領、教育課程などについても、筆者の説明や指示を聞きながら、スライド作成を行っていくことになっている。さらに、学校教育を考える上で欠かせない知識として、指導のための教材について理解しておくことが望まれる。パソコン上で、各種障害とそれに対応する教材・教具を収集する作業も行っている。

2. 研究大会で発表した授業場面のビデオの紹介

　分科会の発表時には、前期科目の「障害児保育」の第6回目の授業について、同僚の厚意で撮影と編集がなされたビデオをお見せした。画面の下部には、授業の流れに沿って編集された授業場面を紹介する項目が、順次次のよ

うに示されている。

　①【前時の復習（キーワードの確認）】→②【前時の復習（脳の運動野、前頭前野、大脳基底核）】→③【本時の学び（応用行動分析について）】→④【必要に応じた学習の振り返り】→⑤【インターネットを活用した情報の獲得】→⑥【本時の学びに関するレポート作成】

　上記のプロセスについて、若干の補足を行いたい。①では、前時に作成したスライドを開き、座席順にキーワードを発表してもらい、筆者が簡単な説明を行う（**写真1**）。②では、特に脳機能についてのキーワードが出た場合には、知識として定着しにくいために、繰り返し画像を開いてもらい説明を加える必要がある（**写真2**）。③では、新しい内容であるため、筆者より指定されたテキストの中のキーワードについて読み取り、受講生自身のスライドにその説明も同時に入れることになる（**写真3**）。④では、③の内容と関連し、すでに学んだ内容について振り返ることになる。⑤では、本時の学びと関連する内容のキーワードや脳機能について、インターネットより取得することになる。⑥では、2回のレポート提出の1回目であり、受講生自身のパソコンを見ながら学んだ内容について、キーワードを用いながら説明を加えると言う課題に取り組むことになる。

写真1　前時の復習（キーワードの確認）

写真2　前時の復習（運動野、前頭前野、大脳基底核）

写真3　本時の学び（応用行動分析 ABA）

3. 発達障害の科学的理解の促進

　ノートパソコンを活用した発達障害の脳機能に関するスライドの作成を行う。特に、発達障害で問題とされる実行機能、言語的・非言語的コミュニケーション、集中力、協応運動、多動性と衝動性などについての脳機能の回路について画像検索を行い、教員が適切と考える画像を指定し、受講生がその画像を自身のパワーポイントに貼り付け、余白に解説文を入れる。

　具体的には、まず人間の神経系の中心をなしている中枢神経系について、大脳の構造と各部位の機能、大脳皮質の分業体制、脊髄の働きを介在した手足の動く仕組みなどについて知ることから始める。

　次に、思考・判断、推理、集中力などの実行機能を担う前頭前皮質はパーソナリティの中心であること、言語的コミュニケーションに必要な言語活動の回路、非言語的コミュニケーションに必要な相手の表情を知る表情認識の回路、体の運動を円滑に行う協応運動の回路、じっとしておれない多動や衝動的な行為に関与している回路などについて整理していくが、これらの一つ一つの回路に結びつくための脳機能のスライドについては数枚から 10 枚の範囲になるようにしている。

　発達障害の支援のためには、まず科学的理解の促進は欠かせないと考える。そのためには、中枢神経系の働きについて上記の認識や運動の回路で学んだ観点から発達障害を理解することが大切である。そのような理解のもとに、支援者の客観的かつ合理的な対応が生み出されると考えている。

4. 発達障害の支援のための基礎的能力（その 1 ）〜発達障害の疑いのある児童生徒のタイプ別理解のためのチェックリストの活用〜

　タイプ別理解を促進するために行うべきことは、まず困り感の把握が必要となる。そのためには、本人がどのような困り感を持っているかを聞き取り、具体的に記述する必要がある。本人の訴えを聞きながら、例えば教科であればどの教科のどの部分か、つまり国語であれば文字を書くことか、文章を読むことかなどについてはっきりする。できれば、そのことを試すことが出来

る教材の準備をしておき、読み方や書き方についての資料を得ることも必要である。また、人間関係であれば誰との間でどのようなことに困っているか、場面であればどの場面のどのような行動であるかなどについて詳しく聞く必要がある。

　把握のポイントのための有効な資料として、文部科学省作成の発達障害のチェックリスト（「通常の学級に在籍する発達障害の可能性のある特別な教育的支援を必要とする児童生徒に関する調査結果について」、文部科学省、2012）がある。

　これは3つの領域に分かれていて、学習面に関する項目は学習障害について、行動面に関する項目Aは注意欠如多動性障害について、行動面に関する項目Bは広汎性発達障害についてのものである。

　発達障害の疑いのある児童の基本タイプの理解について、タイプⅠは「聞く」、「話す」、「読む」、「書く」、「計算する」、「推論する」などについて30項目あり、タイプⅡは「不注意」、「多動性－衝動性」などについて18項目あり、タイプⅢは「対人関係やこだわり等」について27項目ある。

　把握のポイントとしては、単独の発達障害であるのか、または重複タイプも多いので、その点も念頭に置く必要がある。

5. 発達障害の支援のための基礎的能力（その2）〜指導方法や教材づくり〜

　学習障害、注意欠陥多動性障害、自閉症スペクトラム障害等についての指導法のための理論と技法の主なものとして、応用行動分析、ティーチプログラムなどが挙げられる。これらについては、上記の2科目の中でキーワードの整理をすることになっている。

　発達障害のための教材はネット上で数多く掲載されているため、教材をパソコン上で集め、障害ごとに収集することが可能である。特に、学習障害の教材については自身のスライドを作成しておくと、教育現場で活用する機会が多い。

　以下のようなスライドを作成するようにしている。作成したスライドを図1〜図3に示した。

学習障害の具体的指導方法—1

・困難のある能力を補うための教材を用いた指導
・スモールステップによる指導
・自信をつけさせやる気を持たせる指導
・同一課題の繰り返しによる根気・集中力を養う指導

図1　学習障害の具体的指導法—1

学習障害の具体的指導方法—2

・教材の種類と提示の仕方，板書の仕方，ノートの取り方の指導
・読み書き計算と深い関係のある，文字，記号，図形の認知等に配慮した指導
・手指の巧緻性を高める指導
・「書くこと」や「計算すること」が特別に困難な場合には，ワープロやコンピュータあるいは電卓など本人が取り組みやすい機器等の併用

図2　学習障害の具体的指導法—2

学習障害の具体的指導方法—3

・「見える化（視覚支援）」が基本
　実際に見て触れる教具
・「漢字の書き取り」が苦手な子→
　取り組みやすく配慮
　マス目や補助線を引く
　サポートツールの使用

図3　学習障害の具体的指導法—3

6. 学生による授業評価

　学生による授業評価は、4段階評価による総合評価を行っている。受講生は平成29年度が「障害児保育」12名、「特別支援教育概論」が6名、平成30年度が「障害児保育」16名、「特別支援教育概論」11名であった。平成29年度と平成30年度の2科目の結果を示したものが**図4**である。

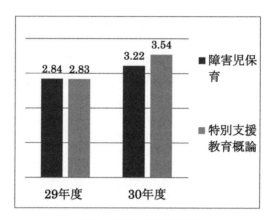

図4　学生による授業評価

　学生による授業評価は両科目ともに平成29年度と比べて平成30年度は上昇していた。この結果から、両科目ともにノートパソコンを活用した点や発達障害の科学的理解の促進と支援のための基礎能力の育成を目指した点が有効であったと考えられる。

7. 教師の授業評価

　アクティブ・ラーニングの観点に立ち、受講学生の主体的な学びの姿勢を重視した授業は、次の3点にまとめられる。

　1) 視覚化による主体的な取り組み

　　画像検索、説明文を加えたスライド化など、

　2) 理解すべきポイントの明確化

　　キーワードへの着目とその説明文の作成など
　3）レポート作成、
　　キーワードを挙げて説明する内容

　両科目の成績評価は次のように行った。「障害児保育」はレポート 20 点、定期試験は 80 点で教科書末尾の演習事例に関する演習課題を課した。「特別支援教育概論」はレポート 30 点、定期試験 70 点であった。

　両科目の成績評価の点数の平均値を示すと、「障害児保育」は平成 29 年度、平成 30 年度ともに 90 点、「特別支援教育概論」は、平成 29 年度が 84 点、平成 30 年度が 85 点であった。演習科目の方が講義科目よりも成績評価の平均値が高くなっている。演習科目の方が主体的に学びやすく、この結果に結びついていると言える。

8. 今後の課題

　2019 年度より「特別支援教育」に関する科目が必修となったが、教育学部の場合はすでに科目が開講され実施されているために、特に問題はないと考えている。

　国際教養学部比較文化学科は定員 100 名で、教職課程では中学校と高等学校の英語教諭一種免許状が取得可能であり、今年度より「特別支援教育概論」が必修科目（2 年後期、講義、2 単位）として加わった。

　授業者として気になる点は、教育学部とは異なり特別支援教育の関連科目を事前に受講しないままに、いきなり特別支援教育科目を受講することである。

　本論で検討を重ねて来たように、発達に障害のある児童生徒の科学的理解の促進と支援のための基礎能力の育成という点からは、かなり心もとない感じを持たざるを得ない。限られた時間の中で特別支援教育に関してどのように学生に伝え、理解を促進するかについては今後の課題としたい。

引用文献
　文部科学省、2012、「通常の学級に在籍する発達障害の可能性のある特別な教

育的支援を必要とする児童生徒に関する調査結果について」

参考文献
安東末廣（監訳）　2016　脳科学にもとづく子どもと青年のセラピー、福村出版
安東末廣（編著）　2012　生き方支援の心理学　北大路書房

Ⅲ 論 考

教職課程における自己点検・評価の実質化
——アメリカの教員養成の質保証を踏まえて

佐藤　仁（福岡大学）

はじめに

　2015（平成 27）年の中央教育審議会答申「これからの学校教育を担う教員の資質能力の向上について」において、教職課程における自己点検・評価の制度化が提言された。その背景には、学校を取り巻く多様な教育課題に対峙できる教員の育成に向けた、教職課程の質保証・向上システムの構築があり、外部評価制度の検討や教職課程を総括する組織整備等とともに、自己点検・評価もその方策の一つとして位置付けられている。その後、中央教育審議会初等中等教育分科会教員養成部会教職課程の基準に関するワーキンググループ（2020）によって、「教職課程に関する自己点検・評価の実施を義務とすることが適当である」（17 頁）と示され、その実施に向けたガイドラインが「教職課程の質保証のためのガイドライン検討会議」（以下、「検討会議」とする）において検討されている。今後、「検討会議」による議論を踏まえる形で、教職課程の自己点検・評価が進められていくことになる。

　この「検討会議」では、教職課程がどのように自己点検・評価を実施していくのかという点が議論されており、「ガイドライン（案）」では実施手順や実施単位、自己点検・評価の観点等が例示されている[1]。他方で、こうした体制の整備に加えて、どのように自己点検・評価活動を教職課程の質的向上に結び付けていけるか、という「実質化」の方策も考える必要がある。「ガイドライン（案）」では、教職課程担当者の FD・SD に関して触れられている。この点に加えて、今後、具体的に自己点検・評価のどのような結果を利用するのか、そしてそれをどのように FD・SD に結びつけるのかといった議論が

必要となろう。本稿では、この実質化に向けた議論の手がかりとして、アメリカ合衆国（以下、アメリカとする）における教員養成の質保証システムに着目し、関係する論点を整理していくこととする。

1. アメリカにおける教員養成の質保証の背景

　アメリカでは、1980年代から教員養成の質保証の取組が積極的に進められてきた。その背景には、大きく二つの理由がある。一つは、教員養成プログラムおよび教員になるルートの多様化である。教員養成プログラムの多様化に関しては、大学院レベルの教員養成プログラムが多くの大学で設置されるようになり、1年で修士号を取るプログラムや5年一貫で学士号と修士号を取るプログラム等、既存の4年の学士課程のプログラムも含め、様々な形態のプログラムが登場した。教員になるルートの多様化に関しては、教員不足を背景にして、大学を基盤とする教員養成プログラムではなく、いわゆるオルタナティブ・ルートと呼ばれるプログラムが学区やNPO等を中心に開発された。その規模は拡大し続けており、2014年の段階で全米の教員養成プログラムのうち、30%がオルタナティブ・ルート（高等教育機関で提供されるプログラムを含む）となっている[2]。こうした多様化する教員養成の質をいかに保証するかということが課題として表出しているわけである。

　もう一つは、教員養成機関（特に高等教育機関）に対するアカウンタビリティの増大である。アメリカでは1980年代後半から、連邦政府が主導する形で学力向上政策が進められ、2000年代になると学力テストを基盤とするアカウンタビリティ政策が推進された。その一環として、教員が学力向上にどの程度寄与しているのかということが問われるようになり、児童生徒の学力テストの結果やその向上度を教員評価に活用する仕組みが整備されてきている。そして、こうした潮流は教員養成にも及び、学力向上に寄与する教員を教員養成機関は輩出しているのかといったことが問われるようになっている（佐藤 2017）。その結果、教員養成の成果を多角的に示すこと、そしてその質を保証することが求められているわけである。

　本稿で着目する教職課程の自己点検・評価の実質化に関しては、アメリカ

では教員養成機関に対する外部評価、特にアクレディテーション (accreditation) を通して、進められている。アクレディテーションとは、教育の質保証・向上を目的にボランタリーな組織があらかじめ設定された一定の基準を満たしている教育組織を認定する仕組みである。アクレディテーションは、高等教育機関全体を対象とするものと、専門分野のプログラムを対象とするものに大別される。教員養成機関に対するアクレディテーションは、1920 年代から行われており、教員養成の質保証において大きな役割を果たしてきた (佐藤 2012)。そして、歴史的には「一定の基準を満たしているかどうか」(特にインプットに関わる要素) というチェック的な要素が強かったが、近年では教員養成機関が基準を満たしながら、自らの質を改善する仕組みを整備・運用しているかといった観点が問われるようになっている。それが、「継続的改善 (continuous improvement)」と呼ばれる概念である。そこで、本稿では以下、この継続的改善の概念に着目し、アクレディテーションにおいてどのようなことが求められているのかを明らかにしていく。これにより、教職課程の自己点検・評価の実質化に向けた方策を検討する手がかりを考察していきたい。

2. 高等教育における継続的改善の議論：Institutional Effectiveness をめぐって

アクレディテーションにおける継続的改善への焦点化は、教員養成の領域に限った議論ではない。むしろ、高等教育機関全体を対象とするアクレディテーション (全米を 6 つの地区にわけて存在する地域別アクレディテーション) において、継続的改善の議論や実践が先行している。その際に登場するのが、Institutional Effectiveness (以下、IE とする) という考え方である。ここでは、IE の特徴を整理していこう。

アクレディテーションにおいて初めて IE の概念を適用した南部地区基準協会 (Southern Association of Colleges and Schools Commission on Colleges) の基準では、IE について、「機関は、継続的・統合的な機関全体にわたる調査研究を基盤とした計画と評価のプロセスに従事する。そのプロセスは、(1) 機関のミッション、目標、そして成果の組織的なレビューを取り入れており、(2) 機関

の質に関する継続的な改善という結果を導き、(3) 機関が効果的に自らの
ミッションを達成していることを証明する、というプロセスである」(Southern
Association of Colleges and Schools Commission on Colleges 2012, p.18) と説明されてい
る[3]。また、全米の地域別アクレディテーション団体における IE の位置づ
けを整理した浅野 (2017) は、「機関の使命や目標に照らして成果が上がって
いるかを点検・評価し、その結果を踏まえて成果に至るまでのプロセスを継
続的に改善していることを対外的に説明できるように文書化する一連の活
動」(102 頁) と IE を定義づけている。

　継続的改善との関係で捉えるならば、藤原 (2015) が簡潔にまとめているよ
うに、IE は「継続的改善の循環プロセス」(9 頁) と位置づけられる。ここでい
う「継続的改善の循環プロセス」は 2 つの側面から説明される。一つは、ア
セスメント (assessment) のプロセスである。藤原 (2015) は、アセスメントを学
生の学習成果の測定だけに限らない、大学における諸活動の効果を測定する
という広い意味と捉え、そのプロセスを①データの収集、②データの分析、
③分析結果を参考に改善策を構築、④改善策の実行、⑤改善策の実行結果の
分析、という 5 つのステップに分けている。その上で、①と②については教
育情報の収集・分析を行う Institutional Research (以下、IR とする) が担い、③・④・
⑤については経営陣や担当部署が担うものとしている。もう一つは、アセス
メントの対象である。先述したアセスメントを広い意味から捉えると、その
対象として、学生、学部・学科、そして大学全体という 3 つに分けることが
可能となる。そして、それぞれの対象で行われているアセスメントが、学生
のアセスメント、プログラム・レビュー、IE と呼ばれているという。これ
ら三つの関係について藤原 (2015) は、「学生を対象としたアセスメントが学
部・学科のプログラム・レビューのコアであり、それらの成否が IE の結果
に大きく影響している」(6 頁) と説明している。

　以上の議論は、わが国における大学の内部質保証や教学マネジメントをめ
ぐる議論と共通している。むしろ、IE の概念を参照しながら、わが国の議
論が展開されたと言ったほうが適切であろう。2018 年度からスタートして
いる第 3 期機関別認証評価では、大学が構築した内部質保証システムが機能

しているかが問われている。例えば大学基準協会の認証評価では、内部質保証の基準がコアに位置付けられ、いわゆる 3 つの方針に沿った活動の適切性が確認された上で、自己点検・評価の結果が質の改善や向上につながっているかという点が問われている（大学基準協会 2020）。また、中央教育審議会大学分科会が 2020 年 1 月に公表した「教学マネジメント指針」では、教学マネジメントの確立において求められる個々の取組み[4]が、大学全体、学位プログラム、授業科目という三つのレベルで機能することを求めている。先述した「検討会議」の「ガイドライン（案）」においても、「教学マネジメント指針」の内容に対する意識を持つことが適当であるとされており、教職課程の自己点検・評価においても、IE や継続的改善の考え方を踏まえる必要がある。

3. 教員養成のアクレディテーションにおける継続的改善

　では、具体的に教員養成のアクレディテーションにおいては、継続的改善をめぐって、どのようなことが求められているのか、検討していこう。検討の対象として本稿では、2 つのアクレディテーション団体を取り上げる。一つが、Council for the Accreditation of Educator Preparation（以下、CAEP とする）である。CAEP は 2013 年に発足した団体であるが、その基盤は 1920 年代から続いているアクレディテーションを引き継ぐものである。それゆえに、団体としての規模も大きく、2019 年 12 月の段階で 724 の教員養成機関が CAEP のアクレディテーション（もしくは CAEP が発足する以前の団体のアクレディテーション）を受けている（CAEP 2019）。また、全米の 34 州が CAEP と協定を結んでおり、州政府による教員養成機関の認定において CAEP の有する教員養成機関のデータを活用したり、実地訪問を合同で行ったりする取り組みが進められている。もう一つは、Association for Advancing Quality in Educator Preparation（以下、AAQEP とする）である。AAQEP は、2017 年に発足した新しい団体であるため、2021 年 1 月の段階では 25 の教員養成機関しか AAQEP のアクレディテーションを受けていない。しかし、すでに 110 の教員養成機関が AAQEP のメンバー（今後、アクレディテーションを受ける予定）となっており、州との連携に関しても 7 州と協定を結んでいる[5]。

　それぞれのアクレディテーションの内実をめぐっては、継続的改善の前提となる「成果」と継続的改善の「機能」について、基準を中心に分析する。浅野 (2017) は、先述の IE の定義を踏まえた上で、アクレディテーション団体によって、IE の一連の活動プロセスにおいて成果に重きを置くのか、機能に重きを置くのかが異なると指摘する (102 頁)。この点に関しては、CAEP のアクレディテーションでは成果に重きが置かれており、AAQEP のアクレディテーションでは機能に重きが置かれていると指摘できる (Will 2019, July 24)。以下、両団体の相違を踏まえ、継続的改善に求められる具体的な内実を分析していこう。

(1) CAEP のアクレディテーション

　CAEP のアクレディテーションの基準 (2013 年版) は、以下の**表1**の通り、5つから構成されている[6]。まず継続的改善の成果に関しては、基準1から4の中でそれぞれ触れられているが、特に該当するのが基準4である。基準4では、教員養成機関を修了した現職教員に焦点を当て、その修了者が児童生徒や学校現場にどのような影響を与えているのかを4つの構成要素に沿って、示していくことになる。1つめが児童生徒の学習への影響である。ここでは、修了者が児童生徒の学力テストの結果にどの程度貢献したかを示す「付加価値評価」(value-added assessment) の結果等の提示が求められる。2つめが授業実践の質であり、児童生徒への授業アンケートの結果や授業観察の評価結果等が証拠として求められる。3つめとして、雇用者 (学区の教育委員会や校長等) の満足度の証拠が求められ、修了者の昇進状況や滞留率 (離職せずに教職に留

表1　CAEP の基準

基準1：教科と教授学的知識
基準2：臨床に関わる連携と実践
基準3：教員志望者の質、募集、選別
基準4：プログラムの影響 (impact)
基準5：教員養成機関の質保証と継続的改善

(出典) CAEP (2018) より筆者作成。

まっている割合）や雇用者へのアンケート調査やインタビュー調査の結果が必要となる。4つめは、修了者自身の満足度であり、修了者へのアンケートやインタビュー調査の結果を示すことが求められる。このように、基準4は教員養成機関に在籍している学生の成果だけではなく、修了して教員となった後の成果までを厳格に問うものとなっている。

　次に継続的改善の機能に該当するのは、基準5である。そもそも、CAEPのアクレディテーションでは、継続的改善は「教員養成の活動や経験の全ての面に関する情報を収集し、その情報を分析し（パターンや傾向を探索し、ピアと比較する）、何がうまくいっており何に問題があるのかを明らかにし、改善し、サイクルを循環させるプロセス」（CAEP 2018, p.108）と定義されている。その上で、基準5は「質の高い戦略的な評価」と「継続的改善」の二つの項目から構成されている。前者に関しては、成果等を測定する多様な方法を活用していることや、測定方法の信頼性や妥当性といった方法そのものの質が問われている。後者に関しては、以下の**表2**で示す3つの構成要素がある。

　これらの構成要素を満たしていると説明するためには、基準1〜4で示した様々なデータや情報に基づいて、何かしらの改善活動を進めていることや、実際に改善したことを示す必要がある。つまり、継続的改善の前提である成果を明確に踏まえた改善活動を行っているかどうかが重要な点とされているわけである。そのため、改善活動の証拠に関しても、収集・分析されたデータに基づいた改善や修正となっているかどうかが問われることになっている。

表2　継続的改善に関する構成要素

基準 5.3	定期的そして組織的に自らの目標や関連する基準に対してのパフォーマンスを評価し、長い期間をかけて結果を追跡し、イノベーションや選抜（入学）基準がその後の成長や修了に与える効果を調べ、プログラムの要素やプロセスを改善するために結果を活用する。
基準 5.4	修了者の影響に関する測定（児童生徒の成長度に関する活用可能な成果のデータを含む）が、外的な基準によって評価され、分析され、広く共有され、プログラムに関する意志決定・資源配分・将来計画に活用される。
基準 5.5	適当な利害関係者（同窓生、雇用者、実践家、学校やコミュニティのパートナー等）がプログラムの評価、改善、優秀性を示すモデルの同定といった取組に関与することを保証する。

（出典）CAEP（2018）, pp.22-23 より筆者作成。

(2) AAQEP のアクレディテーション

　AAQEP のアクレディテーションの特徴は、各教員養成機関が置かれた文脈(機関のミッション、地域の学校のニーズ等)を考慮した評価となっている点にある。そのため、どちらかと言えば CAEP のアクレディテーションが基準の遵守 (compliance) に力点が置かれているのに対し、AAQEP のアクレディテーションでは基準そのものも緩やかに規定され、教員養成機関による柔軟な対応ができる仕組みになっている [7]。

　AAQEP の基準は、以下の**図1**のように、2 つの対象(修了者とプログラム)と 2 つの領域 (基盤と文脈) のマトリクスで示される 4 つの基準から構成されている。AAQEP のアクレディテーションの特徴は、特に基準 2 と基準 4 に分類される「文脈的な課題」の領域に見られる。「基盤的な期待」の基準に関しては、各教員養成機関に共通するような証拠が求められることになるが、「文脈的な課題」については教員養成機関が置かれている文脈に応じて、自分たちの取組みの特徴を示すことになる。

　継続的改善の成果という観点からすれば、基準 1・2 が該当する。基準 1 では、教科に関する知識や学習理論、評価スキルといった教員にとって基盤となる能力を修了生が身に付けていることを示す必要がある。基準 2 は、修了者が多様な学校やコミュニティで活動できるようになっているか、そして成長し

	修了者のパフォーマンス	プログラムの実践
基盤的な期待	**基準1：教員志望学生／修了者のパフォーマンス** プログラムの修了者は、すべての学習者の成功を支援する力を有した専門的教育者として、職務を遂行する。	**基準3：質の高いプログラムの実践** プログラムは、修了者が基準1・2を満たしていることを保証する力を有している。
文脈的な課題	**基準2：修了者の専門的能力と成長** プログラムの修了者は、多様な文脈で活動することに適応し、専門職として成長する。	**基準4：システムの改善への従事** プログラムの実践は、ミッションに沿いながら、地元のニーズを踏まえて初等中等教育システムを強化する。

図1　AAQEP の基準の構造

(出典) AAQEP (2020), p.13、より筆者作成

続けているかが問われている。これらの基準に対する証拠の提示に関しては、様々な測定方法・対象によるデータ、そして信頼性・妥当性を有したデータで示すこと以外、具体的に明示されていない。

　継続的改善の機能に関しては、基準3・4が該当するが、その中でも明確に継続的改善を示しているものとしては、二つ挙げられる（各基準には、それぞれ6つの項目が設定されている）。それは、基準3の「効果的な質保証システムを通して、プログラムやプログラムの構成要素に関する継続的改善に従事し、イノベーションに向けた機会を調査検討する」(AAQEP 2020, p.12)、そして基準4の「機関全体及び（もしくは）プログラムのミッションや責務に関して、自らの効果性を調査検討する」(Ibid.) である。ここでは基本的に基準1・2で示したデータや情報を活用しながら、ナラティブに状況を記述することが証拠として求められている。

おわりに：わが国への示唆

　本稿では、わが国における教職課程における自己点検・評価の実質化に向けた論点を探るべく、アメリカの教員養成の質保証の議論、特にアクレディテーションにおける継続的改善の内実を分析してきた。最後に、自己点検・評価の実質化に向けたわが国への示唆として、以下の3点を指摘したい。

　1点目は、継続的改善の前提となる学習成果に関するデータ・情報の収集や分析である。CAEP および AAQEP の事例からわかるように、多様な方法によって学習成果を測定することが求められている。例えば、教員採用試験の合格者数だけで成果を確認した所で、そのデータを基に教職課程の何を改善していけばいいのかは見えてこない。教職課程の授業での成績、教育実習での評価、卒業生へのアンケート、校長・教育委員会へのアンケート、卒業生の研究授業の観察といったように、多様な方法をどのように組み合わせて、自らの教職課程の成果として提示し、活用するのかということを検討しなければならない。この時、大学全体の議論では、学習成果を収集・分析する IR の重要性が問われているが、教職課程における自己点検・評価においても IR の機能（組織としてではなく）を教職課程の運営に明確に位置づける必

要性がある。

　2点目は、継続的改善の機能として、学習成果に関するデータ・情報を参照した上での改善に向けた議論である。教職課程における教育改善には、カリキュラム改正（学科等のカリキュラムも含む）だけでなく、講義の内容・方法、教職指導の充実といった取組が考えられる。ややもすると、教職員の感覚のみで進められることのある教育改善活動に対して、学習成果に関するデータ・情報を交えて議論することでより開かれた組織的な活動を展開することができる。ただし、藤原（2015）がIEができている姿として、「エビデンスを基にした継続的改善を行う文化（習慣）が根付いていること」（9頁）と説明するように、これは文化の醸成といった大きな課題となる。単に学習成果のデータ・情報が収集・分析できている状態だけでなく、それを活用するマネジメントのあり方も検討する必要がある。

　3点目は、教職課程のミッションや目標の明確化である。上記の2点の根底には、そもそもどのような教員を養成しようとしているのか、という議論がある。CAEPおよびAAQEPのアクレディテーションでは、力点の置き方に違いがあるものの、プログラムのミッションや目標に照らした学習成果、そしてミッションや目標に向けた改善プロセスが問われている。ミッションや目標の明確化は、例えば文部科学省が示す教員像や各都道府県で設定している教員育成指標をそのまま受け入れることを意味していない。AAQEPの議論にあったように、教職課程が置かれている文脈は多様である。そうであるならば、それぞれの文脈に応じて、それらを解釈して受け入れ、自らのミッションや目標としていく作業が求められる。

付　記

　本稿は、JSPS科研費JP19K02442の助成を受けたものである。

注

1　教職課程の質保証のためのガイドライン検討会議（2021）「資料1 教職課程の自己点検・評価及び全学的に教職課程を実施する組織に関するガイドライン（案）【見え消し】」教職課程の質保証のためのガイドライン検討会議（第

3 回) 会議資料 (2021 年 1 月 18 日開催)。

2　U.S. Department of Education, Office of Postsecondary Education (2016) より。こ
　ここでいう「プログラム」とは、例えば初等教員養成プログラムや数学教員養
　成プログラムといった領域ごとのプログラムを指している。なお、州によっ
　て状況は異なっており、例えばテキサス州 (2017 年度) では州全体の教員養成
　プログラムの約 61% がオルタナティブ・ルートとなっている (連邦教育
　省の高等教育法タイトル II のホームページより (https://title2.ed.gov/Public/
　Home.aspx, 2021/01/20))。

3　なお、南部地区基準協会の基準は 2018 年に改訂されており、そこでは
　"Institutional Planning and Effectiveness" と計画を含めた概念として位置づけら
　れている。

4　具体的には、「三つの方針」を通じた学修目標の具体化、授業科目・教育課
　程の編成・実施、学修成果・教育成果の把握・可視化、教学マネジメント
　を支える基盤、情報広報となっている (中央教育審議会大学分科会 2020)。

5　AAQEP のホームページ (https://aaqep.org/about-us, 2021/01/20) より。

6　CAEP の基準は、現在改訂作業中であり、2022 年から新しい基準が運用さ
　れる予定となっている。なお、CAEP のアクレディテーションの全般的事項
　については、大佐古 (2020) に詳しい。

7　この点は、CAEP のアクレディテーションから AAQEP のアクレディテー
　ションに変更したコロンビア大学ティーチャーズカレッジの担当者も指摘
　している (Will 2019, July 24)。

参考文献

浅野茂 (2017)「米国における IR/IE の最新動向と日本への示唆」『京都大学高等
　教育研究』第 23 号、97-108 頁。

大佐古紀雄 (2020)「米国の教員養成教育の質保証」早田幸政編著『教員養成教育
　の質保証への提言―養成・採用・研修の一体改革への取組み―』ミネルヴァ
　書房、179-191 頁。

佐藤仁 (2012)『現代米国における教員養成評価制度の研究―アクレディテー
　ションの展開過程―』多賀出版。

佐藤仁 (2017)「アメリカにおける教員養成教育の成果をめぐる諸相―付加価値
　評価と教員パフォーマンス評価に着目して―」『福岡大学人文論叢』第 48 巻、
　第 4 号、1069-1087 頁。

大学基準協会 (2020)『大学評価ハンドブック (2020 (令和 2) 年改訂)』。

中央教育審議会初等中等教育分科会教員養成部会教職課程の基準に関する
　ワーキンググループ (2020)『複数の学科間・大学間の共同による教職課程の
　実施体制について (報告書)』。

中央教育審議会大学分科会 (2020)『教学マネジメント指針』。

藤原宏司 (2015)「IR 実務担当者からみた Institutional Effectiveness ～米国大学が社会から求められていること～」『大学評価と IR』第 3 号、3-10 頁。

Association for Advancing Quality in Educator Preparation (2020), *Guide to AAQEP Accreditation*, Author.

Council for the Accreditation of Educator Preparation (2018), *CAEP Handbook: Initial-level Programs 2018*, Author.

Council for the Accreditation of Educator Preparation (2019), *2019 Annual Report*, Author.

Southern Association of Colleges and Schools Commission on Colleges (2012), *The Principles of Accreditation: Foundations for Quality Enhancement*, Author.

U.S. Department of Education, Office of Postsecondary Education (2016), *Preparing and Credentialing the Nation's Teachers: The Secretary's 10th Report on Teacher Quality*, Author.

Will, Madeline (2019, July 24), "Teacher-Preparation Programs Again Have a Choice of Accreditors. But Should They?", *Education Week* (https://www.edweek.org/leadership/teacher-preparation-programs-again-have-a-choice-of-accreditors-but-should-they/2019/07, 2021/01/20).

Ⅲ　論　考

教職課程質保証の構築

──全私教協会員校における資料調査と訪問調査をもとに

森山賢一（玉川大学）

本論文は、2020（令和 2）年 11 月 24 日に行われた文部科学省「教職課程の質保証のためのガイドライン検討会議」の席上で報告した内容に加筆修正したものである。

1.　研究の背景

　教職課程質保証評価の構築ということで、全私教協の会員校における資料調査と訪問調査を基にして、報告させていただきたいと思います。

　まずは研究の背景ですけれども、この研究は平成 30 年度に、文部科学省の委託研究の「私立大学における教職課程質保証に関する基礎的研究」として、私立大学における教職課程の質保証の在り方に関する調査を行いました。本協会には 420 大学が加盟しておりますが、そのうち 348 校から御協力いただきました。

　それから令和元年度には、これも同じく文部科学省の委託研究ですが、「私立大学における教職課程質保証の在り方に関する研究」ということでここでは、自己点検、そして評価を行っていると回答した 12 大学の自己点検・評価基準の分析、自己点検・評価を行っていると回答した 8 大学の訪問調査を行いました。これらの知見を踏まえまして、「『教職課程　自己点検・評価報告書』作成の手引き」を作成いたしました。

2.　教職課程自己点検・評価の基本的な考え方・進め方

　次に、教職課程自己点検・評価の基本的な考え方、進め方について説明します。まず自己点検・自己評価の目的として、学校教育法の第 109 条第 1 項、ならびに学校教育法施行規則第 166 条に示されているところですが、自己点

検・評価は、本来、大学が、教育研究水準の向上や活性化に努めるとともに、その社会的責任を果たしていくため、その理念・目的に照らして自らの教育活動等の状況について自己点検し、現状を的確に把握・認識した上で、その結果を踏まえ、優れている点や改善を要する点など自己評価を行うことです。これを教職課程でどのような形で共有して進めていくかということで、このことを示しました。

　教職課程の自己点検・評価の進め方につきましては、教職課程を対象とした自己点検・評価については今日まで定型的な実施手順というのが存在しておりません。そこで、各大学の、特に規模、そして地理的な条件、例えば各学部が分散しているという大学、さらには、教職課程の種類・性格、例えば大きく分けるとすれば、開放制のところと養成系のところなど、これらのことに応じて大学固有の実施手順を確立し、これを誠意ある公正な姿勢で進めるということが求められるわけです。また、各学部の教職課程の運営を統括する全学的な組織として、いわゆる教職課程支援センターなどを設置している大学において、自己点検・評価を実施する場合を例にして、幾つかのプロセスを踏まえて進めることとしました。

　ここでは具体的に、教職課程自己点検・評価報告書の作成の観点についてお示しをしています。

3.『教職課程 自己点検・評価報告書』作成の観点

　自己点検・評価報告書作成の観点については8つあげています。まずは自己点検・評価の内容についてです。そして、2つ目は自己点検・評価報告書の構成及び様式についてです。3つ目として、教職課程の現況及び特色です。4つ目として、基準領域ごとの自己点検・評価の記述方法、5つ目として、基準領域・基準項目・取組の観点例です。6つ目として、自己点検・評価に関する資料、データ等のリスト、7つ目として、「教職課程自己点検・評価報告書」作成のプロセスの記述、8つ目、最後のところですが、「現況基礎データ票」の作成です。

　次に、自己点検・評価を実施する場合のプロセスについて簡単に説明します。

『教職課程　自己点検・評価報告書』作成の観点

　⑴　自己点検・評価の内容

　⑵　自己点検・評価報告書の構成及び様式

　⑶　教職課程の現況及び特色

　⑷　基準領域ごとの自己点検・評価の記述方法

　⑸　基準領域・基準項目・取り組みの観点例

　⑹　自己点検・評価に関する資料、データ等のリスト

　⑺　「教職課程 自己点検・評価報告書」作成のプロセスの記述

　⑻　「現況基礎データ票」の作成

　　第1プロセスは、教職課程支援センターによる自己点検・評価の決定・合意です。第2プロセスとして、教職課程支援センターによる法令由来事項の点検と各教職課程へのデータ等の扱いについての意見聴取です。第3プロセスとして、各教職課程における自己点検・評価の進め方の検討・協議を行います。第4プロセスは、教職課程支援センターと各学部教職課程との実施手順の最終調整となります。第5プロセスとして、教職課程の自己点検・評価のための対象項目についての点検・評価活動の実施をします。第6プロセスとして、教職課程を対象とする自己点検・評価報告書の確定、そして公表ということになります。第7プロセスにつきましては、自己点検・評価報告書を基礎とした教職課程に関わる新たなアクションプランの策定をしていくことになります。おおまかには以上のような流れになります。

自己点検・評価を実施する場合のプロセス

　【第1プロセス：教職課程支援センターによる自己点検・評価の決定・合意】

　【第2プロセス：教職課程支援センターによる法令由来事項の点検と各教職課程へのデータ等の扱いについての意見聴取】

　【第3プロセス：各教職課程による自己点検・評価の進め方の検討・協議】

　【第4プロセス：教職課程支援センターと各学部教職課程との実施手順の最終調整】

【第5プロセス：教職課程の自己点検・評価のための対象項目についての
点検・評価活動 の実施】

【第6プロセス：教職課程を対象とする自己点検・評価報告書の確定・公表】

【第7プロセス：自己点検・評価報告書を基礎とした教職課程に関わる新
たなアクション・プランの策定】

4. 全国私立大学教職課程協会「教職課程自己点検・評価基準」

次に、全国私立大学教職課程協会が教職課程自己点検・評価基準について
説明します。

全国私立大学教職課程協会の自己点検・評価基準は、特に開放制、そして
多様性等、様々な組織形態を有するというところの私立大学における教職課
程に対して、それに加えて、実施可能で、なお公正かつ質の保証、向上に資
する評価の在り方を明らかにするということを目的にして、大綱的かつ汎用
的であり、当然ですけれども、各大学の主体的・自律的な取組にかなうこと
を旨としています。

それで、具体的に評価の領域と項目につきましては、3つの基準領域に即
して6つの基準項目を設定しました。

基準領域1には、教職課程に関わる教職員の共通理解に基づく協働的な取
組ということで、項目を2つ掲げています。この2つの項目は、教職課程教
育に対する目的・目標の共有ということと、教職課程に関する組織的工夫と
いうことです。

基準領域1 教職課程に関わる教職員の共通理解に基づく協働的な取り組み

基準項目1-1 教職課程教育に対する目的・目標の共有

① 目的・目標、育成を目指す教員像について教職課程に関わる教職員が共
通理解をしている。

② 教職課程教育を通して育まれるべき学修成果（ラーニング・アウトカム）
が具体的に示されている。

③ 教職課程教育の目的・目標を学生に周知している。

基準項目 1-2 教職課程に関する組織的工夫

① 研究者教員と学校現場での優れた実践的経験を有する教員との協働体制を構築している。

② 教職課程の運営に関して全学組織（教職課程支援センターなど）と学部（学科）の教職課程で意思疎通を図っている。

③ 教職課程の在り方を恒常的に自己点検・評価するために組織的に機能している。

④ 教職課程の質的向上のためにＦＤやＳＤの取り組みを展開している。

⑤ 教職課程に関わる情報公開を行っている。

⑥ 教職課程教育を行う上での施設・設備が適切に整備されている。

　基準領域 2 は、学生の確保・指導・キャリア支援という基準領域を掲げて、その中に基準項目として、教職を担うべき適切な人材学生の確保、そして教職へのキャリア支援という 2 つの項目を入れました。

　そして、最後の基準領域 3 は、適切な教職課程カリキュラムということで、教職課程カリキュラムの編成・実施と、実践的指導力養成と地域との連携という、基準項目を掲げています。

　それぞれの基準領域についての基準項目の内容について、具体的にどのような形で確認していくかという作業をするに当たって、例えば基準領域 1 については、基準項目が 2 つございました。それぞれの基準項目に対して、具体的に確認をするポイントになるところの項目を、数字の丸 1 から丸 3、丸 1 から丸 6 という形で具体的に示したものが、基準領域 1 です。よく御覧いただきますと、非常に具体的に、そして判断がなるべくできるようにということで、内容をそれぞれ工夫したという点がございます。

　基準領域 2 につきましては、学生の確保・指導・キャリア支援というところですけれども、ここにつきましても、先ほど申し上げたように、基準項目ごとにそれぞれ 3 項目並びに 6 項目の具体的な内容を示して、これについて各大学が確認をしていただくということになります。

基準領域2 学生の確保・指導・キャリア支援

基準項目 2-1 教職を担うべき適切な人材 (学生) の確保

① 教職を担うにふさわしい学生を受け入れる履修上の基準を設定してい
る。

② 教職を担うにふさわしい学生の募集・選考等を実施している。

③ 当該教職課程に即した適切な数の履修学生を受け入れている。

基準項目 2-2 教職へのキャリア支援

① 学生の教職に対する意欲や適性を把握している。

② 学生のニーズの把握に基づいた適切なキャリア支援を組織的に行って
いる。

③ 学生の学修状況に応じたきめ細かな指導を行っている。

④ 教職入職に関する各種情報を適切に提供している。

⑤ 教員免許状取得件数、教員就職率を高める工夫をしている。

⑥ 教職に就いている卒業生との協力体制を図っている。

　同じような作業で、例えば基準領域の3につきましては、適切な教職課程
カリキュラムという内容です。

基準領域3 適切な教職課程カリキュラム

基準項目 3-1 教職課程カリキュラムの編成・実施

① 教職課程科目に限らず、卒業単位 124 単位を活用して、建学の精神等、
開放制の教員養成を行う大学としての特色ある独自性のある教員養成を
行っている。

② 学科等の目的を踏まえ、「教科専門」「教科指導」「教職専門」の各科目・
領域間の系統性の確保を図っている。

③ 学校や社会のニーズ、政策課題 (例えば、教員育成指標参照) に対応した教
育内容の工夫がなされている。

④ 学生自身によるアクティブ・ラーニングを促す工夫に取り組んでいる。

⑤ 学生間の協働による課題発見力・課題解決力、価値協働を育成する場を設定している。

⑥ コアカリキュラムに対応した教職課程のカリキュラムを提供している。

⑦「教職実践演習」の運用上の適切性、「履修カルテ」の活用上の工夫を図っている。

⑧ 本来の対面授業のほかに、遠隔操作による授業（オンライン、オンデマンドなど）の工夫も取り入れている。

基準項目 3-2 実践的指導力養成と地域との連携

① 教育の実際場面に学生が触れるフィールドを提供している。

② 取得する教員免許状の特性に応じた実践的指導力を育成する場を設定している。

③ 様々な体験活動（ボランティア、インターンシップ、介護等体験等）とその省察による往還の機会を提供している。

④ 様々な子どもの発達段階に関する教育実践的な情報を提供している。

⑤ 教育委員会との組織的な連携協力体制を構築している。

⑥ 教育実習の指定校（協力校）との連携を図っている。

⑦ 教育実習に臨む上での必要な履修要件を設定している。

　これについても、基準項目の１については８項目、基準項目の２については７項目ほどあります。このあたりの実践的指導力養成と地域との連携の中には、教育実習の必要な履修要件とか、それぞれの体験活動等、具体的な教育委員会との関係というのが、それぞれのところに、まず最初に示されるということです。

　これが最後のところでございますが、実際に「『教職課程　自己点検・評価報告書』作成の手引き」というものを作成しました。これは、今までの研究を踏まえて、当協会の会員校ほか、開放制を取る教職課程において、教職課程自己点検・評価を実施し、これを客観的に取りまとめることを可能とする手引書を、今のところでの完成版として作成しております。

　全私教協では2年にわたって、現在も教職課程における質保証の研究を進めているわけですけれども、特に本委託研究の到達点と今後の課題について述べます。まず、到達点としては、教職課程に関する自己点検・評価が大学評価の一環として行われる現状を、資料調査から明らかにしました。資料調査、実地の訪問調査の積み重ねによって、開放制の教職課程に適した教職課程自己点検・評価基準を取りまとめることができました。的確な評価基準・項目の準備と評価の具体的な方法の提示があれば、教職課程の自己点検・評価は制度的な実施が可能と判断し、大学における自己点検・評価を行う場合の手引書として、「『教職課程　自己点検・評価報告書』作成の手引き」を完成させたわけでございます。

　ただ、いろいろ課題もございまして、今後の課題として、自己点検・評価の内容・方法に関しては、まだまだ試行を重ねて、さらに実施段階の完成度の高いものとしないと、なかなかまだ厳しいところはあります。それから、各大学の自己点検・評価を支援する、例えば全私教協でもそうですけれども、組織体制の確立を行わないと、これをそのまま各大学に投げても、しっかりとしたものにならないだろうという課題が挙げられます。

Ⅳ 書 評

ディアドラ・ラフテリー他『ビジュアル版　教師の歴史』(国書刊行会)

冨江英俊 (関西学院大学)

　本書の著者は、アイルランドのダブリン大学の教育学部教授、Deirdre Raftery (ディアドラ・ラフテリー) 氏である。著者紹介には、ディレクター・オブ・リサーチ (調査研究所長) という肩書が載っており、大学の公式ホームページにおける専門領域は、教育史となっている。「ヴィジュアル版」ということで、画像や写真がふんだんに使われている。ざっと見て、本文 (文章) より画像や写真の方が、スペース的には多いような構成となっている。A4 より大きい判で、ページ数は 190 ページながら厚口の用紙を使っているため、手にするとズシリと重い。

　本書は、4 部から構成されている。第 1 部は「近世まで」に教師が果たした重要な役目について、ローマ、中国、ギリシア、インドなど、世界各地に関して概観する。第 2 部は「19 世紀」である。大衆に教育が拡大していった時代であるが、普通教育、教育や学習の理論といった観点からその拡大過程においておこった変化をまとめている。第 3 部は「20 世紀」であり、戦争と経済不況が教職に与えた影響が一つの柱として語られている。第 4 部は「教職の現在と未来」というタイトルで、ICT の発展により学校や教育が様々な形で変化することなどを取り上げ、様々な形での教師の役割、また特徴的な実践や活動を行った人物を何人か取り上げている。

　さて、この書評の話を頂き、実物を手に取るまでに、私は本書の内容を書名などから勝手に予想した。研究のジャンルとしては「西洋教育史」みたいなもので、学校の歴史を概説していき、そこで教えている教師の歴史について時系列的に紹介していく年表のようなもの、史料として価値のある学校や教育についての画像や写真を載せている、いわば「詳しい年表」「史料集」み

たいなものかなと思った。

　しかし、実際に本書を手にして読んでみると、その予想は見事に裏切られた。教育や学校の歴史を学ぶ上で、必ず出てくる人名や事項、ペスタロッチやフレーベル、ニールやデューイ、モニトリアル・システムや脱学校化などはもちろん載っていて、「女子教育」や「教育と（キリスト教）布教」といったわかりやすい各論の記述もある。その上で、類書とは違う特徴があると感じられた。その特徴とはどのようなものか、簡潔にまとめるのは難しいが。次の3点を挙げておきたい。

　1点目は、「物語の中の教師」「映画の中の教師」「テレビ作品の中の教師」といった文化・芸術作品を取り上げ分析していることである。全寮制の男子校に着任した新任教員のキーティング先生が、型破りの指導法で生徒に影響を与えていく、映画『いまを生きる』(1989) や、19世紀のアメリカのフロンティアを舞台として、ワイルダー先生やローラやメアリーが登場し、当時の学校や教育を生き生きと描いたテレビシリーズ『大草原の小さな家』(1974～'84に放映) などが扱われている。著者が身を置くのはアイルランド（ヨーロッパ）なので、当地以外ではあまり有名ではない文化・芸術作品も載っているのであろうが、先述した映画やテレビシリーズなど、日本でも知られている作品も少なくない。

　2点目は、第4章の「教職の現在と未来」において、テクノロジーの発達（インターネットの普及）を中心とした社会の変化によって、教師という仕事も大きく変わっていくことを述べている点である。本章については、現在進行形のことについての記述や、未来の予測になっており、やや恣意的な編集になっていることは免れない、という印象は受けた。（評者の力量不足ゆえに、このように読めてしまうということも、もちろんある。）しかし、筆者の幅広い教養、世界を股にかける活躍がよく伝わってくるような、教育や学校について独特の世界観が出ていることも間違いない。例えば、「教師としての博物館・美術館」というセクションがあり、これらの施設もある意味で教師と見なせることや、「人生に変化をもたらす教師」として、乗馬スクールにおいて学習障害や身体障害の子どもに、乗馬療法を行う施設や、幼児向けの学習ゲームの開発が大学と民間企業との共同で行われている事例などが紹介されている。

　3点目は、歴史を記述するにあたって、その切り口が、類似の文献や研究において、ありそうでないものが多い。例えば「オーストラリアとニュージーランドにおける先住民教育」「教育についての社会調査の衝撃」などである。前者は、「英連邦の一員だから」という面はあるだろうが、独特の幅の広げ方が印象に残った。

　本書を一言で表現すれば、「ヴィジュアルなコンテンツが非常に多い、内容的にも一味違う、いい意味で風変わりな教育史の概説書」といったところであろうか。最後に、本書の意義について、かなりの私見となりそうだが、大学教員が教育や研究を行う際の日常において、「ちょっとしたことを調べたい」と思った時の対処法から考えてみたい。

　今日、ネットで実に多くのことが、簡単に調べられる。（この書評の執筆においても現にそのようにネットを使っている。）そのため、一時期多く出版されていた「図鑑」「事典」のようなもののありがた味が減ったのは間違いない。極端なことを言えば「図鑑や事典は歴史的役割を終えた。」との考えもあり得るであろう。

　しかし、この度本書に出会って考えさせられた。ネット上でつまみ食いする時の前提として、「教育や学校についての自分なりの通史」が大なり小なりあり、それをふまえた上でネット検索しているのである。この「自分なりの通史」というのは、自分の専門領域や、これまでに得た知識に引きずられていて、その通史を update しようという機会は意外とない。「ズシリと重い」本書は、過去のことを中心に、現在や未来のことも扱っていて、歴史の全体の流れをつかんで、それを味わいながら読むことが出来た。デジタル上にあるコンテンツだと、効率的に情報は集められるのであろうが、全体像がわかりにくいことは否めないのではないか。やや違った観点から述べれば、「教育や学校や教師について、実に様々な研究があるが、細分化した個々の研究領域から到達しにくい、質の高い通史」が描かれるとも言えるであろう。

　本書を手に取り、改めてこのような「ヴィジュアル的性格の強い紙の書籍」の重要性を思わずにはいられなかった。様々に特徴的な一冊である。是非手に取られたい。

申智媛『韓国の現代学校改革研究―1990年代後半の教師たちを中心とした新しい学校づくり―』(東信堂、2019)

永添祥多（近畿大学産業理工学部）

　本書は2016（平成28）年1月、著者が東京大学大学院教育研究科から博士（教育学）の学位を授与された学位論文「韓国における教師を中心とした学校改革に関する研究－1990年代後半以降の韓国社会における学校像の模索過程に注目して－」に加筆・修正したものである。

　その目的とすることは、1990年後半～2015年の現代韓国の教師たちを主体とした、民主主義的学校改革運動の実践を、フィールドワークという実証的手法によって解明することである。特に、国家レベルの教育改革（マクロ）・学校教師のネットワークによる改革実践（メゾ）・個別の学校内での改革実践（マイクロ）といった三層構造の視点から立体的に描出している点に最大の特色が見られる。

　内容紹介に入る前に、現在の韓国の学校制度について簡単に説明しておきたい。

　米軍占領後に独立したという経緯から、日本の学校制度とほぼ同一の単線型学校体系を採用している。即ち、初等学校（6年制、6歳入学、日本の小学校に該当）→中学校（3年制、日本の中学校に該当）→普通・職業高等学校（3年制、前者は日本の普通科高校、後者は商業・工業などの専門高校に該当）→大学（4~6年制、総合大学の他に教育大学や専門大学などの分野別の大学も存在）が進学ルートである。義務教育年限が延長され、初等学校に中学校の9年間が義務教育となったのは1984年である。本書は、校種別では初等学校、中学校、高等学校での学校改革を主対象としている。

　また、教育行政機関として、ソウル特別市・直轄市・道に教育庁が置かれ、その下の区・市・郡にも地方教育庁が置かれているが、初等学校・中学校・

高等学校はソウル特別市・直轄市・道教育庁が管理している。

本書の構成は、以下の通りである（節以下は省略）。

第1部　主題と方法

第1章　1990年代後半以降の韓国における学校改革研究の視座

第2章　研究の課題と方法

第2部　代案教育運動を中心とした新しい学校教育の模索（1997年〜2009年）

第3章　新しい学校教育のあり方を追求する代案教育運動

第4章　韓国の公立学校における「理想の学校」の可視化と教師の経験

第5章　韓国における「学びの共同体」の受容と展開

第3部　「革新学校」を中心とした公教育改革の始動と実践（2009年〜2015年）

第6章　「革新学校」を拠点とした教育改革

第4部　「革新学校」以降の「学びの共同体」としての学校改革（2010年〜
　　　　2015年）

第7章　「革新学校」における校長と教師の学校文化の革新への追求－F
　　　　高等学校の事例－

第8章　学校改革における教師の経験－「学び合い」を中心とした授業へ
　　　　の転換－

第5部　総括と考察

第9章　教育行政と学校による連携的学校改革の可能性と学校改革におけ
　　　　る教師の自律性

第1章では、教育のグローバル化を背景とした、韓国の学校改革という視点に立脚したうえで、1990年代後半以降の学校改革の特徴と先行研究の検討を行っており、第2章では研究課題と研究方法について述べている。

第3章・第4章・第5章ともに1997年〜2009年にかけての教師を主体とした様々な学校改革運動を対象としているが、第3章では新しい公教育モデルを追求する中で誕生した「代案教育運動」について具体的事例を示しながら詳述し、第4章では「新しい学校運動」についても、その沿革や実態について具体的事例を示しながら述べている。第5章では、日本発信の「学びの共同体」が、韓国の教育界に受容されていく過程や韓国の学校での実践例が

具体的に述べられている。

　第 6 章は、2009 年〜 2015 の学校改革を対象としているが、特に、京畿道から全国に広がった「革新学校」について検討している。道教育庁の指示・監督に管下の学校を一方的に従わせるという旧来方式を大々的に改め、各学校の教師による実践を教育庁が支援するという方式が「革新学校」である。この試みを革新政治勢力の台頭という政治的背景を踏まえたうえで、この時期における最大の学校改革として位置づけ、その誕生の経緯と全国的拡散の状況が述べられている。

　第 7 章・第 8 章は、2010 年〜 2015 年の学校改革を対象としているが、「革新学校」での教育実践について、特定の高等学校を事例として、第 7 章は主に校長の立場から、第 8 章は教師の立場からその実態が述べられている。さらに、「革新学校」の教育理念や有力な改革方策として「学びの共同体」が導入されていく過程も具体的に描出されている。

　総括となる第 9 章では、特に教育行政と学校とが連携した学校改革を推進するための最大の課題として、教師の自律性が担保されなければならないことを訴えている。

　全体的に見て、極めて複雑かつ変化の激しい政治的・社会的背景の下での韓国の学校改革について、時系列を追って構造的に捉え、個別の事例研究も随所に取り入れた研究内容は、韓国だけでなく、日本の学校改革研究にとっても参考にするところ大であると考える。特に、教育行政当局とそれを受容する学校現場や教師たちとの対比という視点に立脚して学校改革を描出しているため、迫真力ある内容となっている。

　本書の独創的な学術的意義として、以下の 3 点をあげることができよう。

　第一に、複層的視点に立脚した学校改革研究であるという点である。

　つまり、マクロレベル（国家レベル）・メゾレベル（学校をまたぐ教師間の連携）・マイクロレベル（各学校内）という三つの視点から学校改革が捉えられているのである。特に、国や地方自治体の教育施策やそれを受けての学校改革の検討にとどまらず、個別の教師の実践事例の検討にまで及んでいることが、本書の実証性を高めているといえよう。行政と学校の連携や学校

間・教師間の連携によってこそ、真の学校改革が遂行されるという本書の主張は、日本の学校改革研究のみならず、学校改革自体にも多大の示唆を与えてくれるといえよう。

　第二に、日本における韓国教育研究の分野に新たな手法を示したという点である。

　著者も言及しているように、日本の研究者による韓国の教育研究の中で、本書ほど長期間にわたって学校内部の教師実践までも対象とした研究は現在のところ存在しない。従来の研究とは違い、学校内部や教師個人の実践といった、マイクロな視点を取り入れたことによって、学校改革の主体が教師にあるということが実証されているのである。このような研究手法は、日本の学校改革研究にとって大いに刺激となりうるものである。

　第三に、日本発信の学校改革方策としての「学びの共同体」概念が普及・定着していく過程が詳細に描出されているという点である。

　韓国の民主化という政治的大変動期にあって、学校改革が急務となっていくが、その有力方策として「学びの共同体」構想が導入されていく。学校内部の教師による改革努力から、外部（他校の教師・保護者・地域住民・研究者など）の協力も得た改革へと学校改革が質的変貌を遂げていく事例の一端が、実証的に述べられている。つまり、日本発信の「学びの共同体」構想による韓国教育界の変容が述べられているのである。

　このように、本書の刊行は、日本における韓国教育研究にとって画期的なものであるといえるが、評者がもう少し言及して欲しかった点を2点あげておきたい。

　第一に、本書が対象とした1997年〜2015年は、政権で見ると金大中（1997〜2002）、盧武鉉（2002〜2007）、李明博（2007〜2012）、朴槿恵（2012〜2017）と保守派と改新派の政権交代が10年単位で行われた時期に相当し、教育行政当局や学校・教師の努力を超越する形で政権の強い意向が学校改革にも大きく反映されたのではないかという点である。教育の自主自律は国を問わず尊重されるべきであるが、政治と教育行政とは表裏一体のものとして捉えなければならない、まして、保革の政権交代によって国内情勢が大変革を遂げる

韓国では、その一体性は他国に比して比較にならない程、強固であると考えられる。即ち、学校改革の政治的背景という視点からの言及がもう少し望まれるところである。

　第二に、教職員組合、特に、最大の全国教職員組合（略称、全教組）の動向が学校改革に与えた影響についてである。「親北反米」（当然、反日も含まれるが）をスローガンに掲げるこの組合の影響力も学校改革を研究するうえで看過することはできない。著者も「本論の対象となっている 2000 年代以降の教師が主導する学校改革は、この全教組教育民主化運動の流れを汲む教師と、公教育の変化を追求する教師、親、市民の協力とネットワークによって進められている」（126 頁）と述べているように、全教組の影響力が学校改革に与えた影響力の詳細な言及が欲しかった。

　教育改革は国を問わず、不偏不党、特定の政治勢力や団体の影響を受けずに遂行されるべきものであると評者は考える。したがって、保革の政権や特定の教職員団体の意向が学校改革に大きく反映されたのであれば、そのこと自体を問題とし、韓国の現代学校改革の限界性として言及すべきではなかろうか。

　最後に著者の紹介をしておきたい、申智媛氏は、父親の仕事の関係上、幼稚園・小学校・中学校・高等学校を各々韓国と日本両国で過ごし、梨花女子大学校を経て、東京大学大学院教育学研究科に進学された才媛である。日韓の政治関係が最悪といわれる現状下にあって、著者のような両国の橋渡し的研究者が存在することは、日韓両国の教育学界にとって誠に頼もしい限りである。

『教師教育研究』投稿規程

2021 年 3 月 18 日改訂

一般社団法人全国私立大学教職課程協会

編集委員会

『教師教育研究』に「研究論文」・「実践交流記録」・「調査報告」（以下「論文等」）を投稿する者は、以下の規程によるものとする。

1. 投稿資格を有する者は、原則として一般社団法人全国私立大学教職課程協会（以下「本協会」）の会員校に勤務する教職員である。但し、研究大会分科会における報告者の場合、この限りではない。

2. 論文等のテーマは、教師教育研究に関するものであること。教師教育に関する理論及び実践を対象にするものである。

3. 論文等は未発表のもので、かつ、内容がオリジナルであること。但し、本協会研究大会を始めとする内外の研究会等での口頭発表及びその配布資料はこの限りではないが、そのことを論文中に明記しなければならない。

4. 論文等の区分は次の 3 種とする。

   ①「研究論文」は、編集委員会の別に定める複数の査読者が一致して、教師教育研究に関するオリジナリティの高い論文であると認めるものをいう。なお、査読の内容・方法等は別に定める。本協会研究大会等での報告を基盤とした開放制教員養成の発展に寄与する研究・学術論文が期待される。

   ②「実践交流記録」は、本協会研究大会での分科会または研究委員会における発表・報告を当日の議論の状況も踏まえて論文（記録）としたものをいう。査読は行わないが、編集委員会より原稿の改善等を求める場合がある。

   ③「調査報告」は分科会発表の内容が、より調査的手法を用いた分析となっており、著者がこの区分を希望するもの及び研究委員会における

調査研究の結果を報告するものをいう。査読は行わないが、編集委員会より原稿の改善等を求める場合がある。

④上記の論文等に加え、特定のテーマや特集に関わって『教師教育研究』編集委員会からの依頼にもとづいて「論考」を掲載することができるものとする。

　なお、②「実践交流記録」、③「調査報告」として投稿された原稿が、掲載に見合う内容・水準ではない場合、投稿者と連絡の上、掲載を行わないか延期することがある。

5. 査読を行って掲載した「研究論文」は、論文中にこれを明記するとともに、編集上の注記を付すこととする。

6. 投稿申し込みに当たっては上記の①②③の希望区分を明記し、8月末日までに編集幹事までメールにて申し込むこととする。原稿の提出は、毎年9月末日を締切とする。

7. 原稿は横書きとし、原稿の文字数は、本文（図・表を含む）と注記、引用文献・参考文献を含めて、次の通りとする。

1) 分量

・ワープロ【ワードを基本】を用いる：A4（40字×30行）を厳守し、①②③とも15枚程度とする。ワープロ以外、手書き等の場合、予め編集委員会に申し出ること。

2) 注記、引用文献は、本文末尾に一括して記載すること。参考文献は、必要があれば注記、引用文献の後に列挙すること。

3) 図・表は、本文とは別ファイルにして、本文中には挿入箇所のみを記載すること。図・表は、本誌の体裁に合わせて文字換算し、規定字数に含むものとする。なお、図・表の作成にあたり、経費の一部を執筆者に負担をお願いすることがある。

4) 原稿ファイルの最初の頁に、原稿区分を1種類記入（上記4の①②③のいずれかひとつ。但し査読結果から①ではなく②ないし③として掲載希望する場合その旨を記入のこと）タイトル、英文タイトル、氏名、英文表記氏名、所属機関名、連絡先（郵便番号、住所、電話番号、メールアドレス）

を記載すること。

8. 原稿として完成したワープロ【ワードを基本】ファイルをメール添付により送付する。PDFにはしないこと。なお、必要により、ワープロファイルのほかにPDFを添付することは差支えない。第34号投稿原稿の送付先は、次の通りとする。

・**送付先**：送付用メールアドレス k_takizawa@mail.tais.ac.jp（kの次、アンダーバーに注意）

編集幹事滝沢和彦（大正大学人間学部教授）あて、「『教師教育研究』第34号原稿　氏名○○○○」として送付。なお、原稿投稿に当たって質問等がある場合、編集幹事あて必ずメールにて行うこと。

9. 校正は初校を著者が行い、原則として再校以降は編集委員会において行う。

10. 送付物はこれを返却しない。

2018年9月15日　編集委員会幹事打ち合わせにおいて従来の「投稿規程」の改訂を決定

2021年3月18日　編集委員会において改訂を決定

一般社団法人　全国私立大学教職課程協会　2020年度編集委員会

役職・地区	大　学	氏　名
編集委員会委員長	清泉女子大学	吉岡 昌己
副委員長（関東）※	大正大学	滝沢 和彦
副委員長（阪神）	関西学院大学	冨江 英俊
委員（北海道）	北星学園大学	田実 潔
委員（東海・北陸）	椙山女学園大学	坂本 徳弥
委員（京都）	びわこ成蹊スポーツ大学	川合 英之
委員（中国・四国）	就実大学	渡邉 言美
委員（九州）	筑紫女子学園大学	出雲 俊江

※編集幹事兼任

編集後記

　『教師教育研究』第33号をお届けいたします。

　会員校の皆様には諸般の事情のため本号の刊行が大幅に遅れてしまいましたことを
まずもってお詫び申し上げます。

　本号は、2019年度の本協議会研究大会でのご報告から「研究論文」及び「実践交流記
録」の原稿を、また編集委員会からお願いして現在本協会特別委員会が取り組んでお
ります教職課程質保証に関わる論考を掲載させていただきました。お忙しい中ご投稿
ご寄稿くださった皆様には御礼とともに刊行の遅れにつきまして改めてお詫びを申し
上げます。

　ご承知のように、新型コロナ感染症の拡大により、昨年5月に開催予定だった本協
議会定時社員総会及び研究大会は中止となり、そのため『教師教育研究』第34号につ
きましては通常の原稿募集は行っておりません。また昨年12月の研究交流集会はオ
ンラインにて開催し、さらに既に本協会HPでも告知をしておりますが、本年5月の
2021年度定時社員総会及び第40回研究大会も基本オンラインで開催するとして現在
準備を進めております。

　このような条件下で本『教師教育研究』をどのように編集刊行するか、編集委員会
でも検討を進めておりますが、会員校のみなさまからもぜひご意見をいただきたくお
願いを申し上げる次第です。

　どうかよろしくお願い申し上げます。

第33号編集幹事

滝沢和彦（大正大学）

ISSN 0915-3357

教師教育研究　33号

2021年3月31日　初　版　第1刷発行

編集・発行　一般社団法人　全国私立大学教職課程協会編集委員会

発　売　元　株式会社　東信堂

印刷・製本　中央精版印刷

一般社団法人　全国私立大学教職課程協会
本部　玉川大学教師教育リサーチセンター内
〒194-0392　東京都町田市玉川学園6-1-1
事務局　東京薬科大学生命科学部内
〒192-0392　東京都八王子市堀之内1432-1
TEL & FAX　042-676-5634
Email　info@zenshikyo.org
協会HP　http://www.zenshikyo.org/

株式会社　東信堂
〒113-0023　東京都文京区向丘1-20-6
TEL　03-3818-5521
FAX　03-3818-5541
Email　tk203444@fsinet.or.jp
東信堂HP　http://www.toshindo-pub.com/

ISBN978-4-7989-1706-1　C3037

東信堂

アメリカ教育例外主義の終焉
―変貌する教育改革政治　青木栄一監訳　三六〇〇円

文部科学省の解剖　青木栄一編著　三二〇〇円

世界のテスト・ガバナンス
―日本の学力テストの行く末を探る　佐藤仁編著　北野秋男編著　三二〇〇円

現代学力テスト批判
―実態調査・思想・認識論からのアプローチ　北野秋男　小笠原喜康　編著　二七〇〇円

ポストドクター――若手研究者養成の
現状と課題　北野秋男　三六〇〇円

日本のティーチング・アシスタント制度
―大学教育の改善と人的資源の活用　北野秋男編著　二八〇〇円

現代アメリカの教育アセスメント行政の展開
―マサチューセッツ州（MCASテスト）を中心に　北野秋男編　四八〇〇円

現代アメリカ貧困地域の市民性教育改革
―教室・学校・地域の連関の創造　古田雄一　四二〇〇円

アメリカ公民教育におけるサービス・ラーニング　唐木清志　四六〇〇円

［再増補版］現代アメリカにおける学力形成論の展開
―スタンダードに基づくカリキュラムの設計　石井英真　四八〇〇円

ハーバード・プロジェクト・ゼロの芸術認知理論とその実践
―内なる知性とクリエティビティを育むハワード・ガードナーの教育戦略　池内慈朗　六五〇〇円

アメリカにおける学校認証評価の現代的展開　浜田博文編著　二八〇〇円

アメリカにおける多文化的歴史カリキュラム　桐谷正信　三六〇〇円

アメリカ公立学校の社会史
―コモンスクールからNCLB法まで　W・J・リース著　小川佳万・浅沼茂監訳　四六〇〇円

アメリカ　間違いがまかり通っている時代
―公立学校への批判と解決法　D・ラヴィッチ著　末藤美津子訳　三八〇〇円

学校改革抗争の100年――20世紀アメリカ教育史　D・ラヴィッチ著　末藤・宮本・佐藤訳　六四〇〇円

教育による社会的正義の実現――アメリカの挑戦
（1945-1980）　D・ラヴィッチ著　末藤美津子訳　五六〇〇円

ネオリベラル期教育の思想と構造
―書き換えられた教育の原理　福田誠治　六二〇〇円

日本の異言語教育の論点
―「ハッピー・スレイヴ症候群」からの覚醒　大谷泰照　二七〇〇円

現代教育制度改革への提言　上・下　日本教育制度学会編　各二八〇〇円

教師教育研究32・33　全国私立大学教職課程協会編集委員会編
32号　二三〇〇円
33号　二二〇〇円

〒113-0023　東京都文京区向丘1-20-6　TEL 03-3818-5521　FAX03-3818-5514　振替 00110-6-37828
Email tk203444@fsinet.or.jp　URL:http://www.toshindo-pub.com/
※定価：表示価格（本体）＋税

東信堂

いま、教育と教育学を問い直す
——教育哲学は何を究明し、何を展望するか

教育的関係の解釈学
——教育哲学に何ができるか　　　　　　　　下司　晶・古屋恵太・編著　松浦良充　編著　坂越正樹監修　森田尚人　編著

〒113-0023　東京都文京区向丘1·20·6　TEL 03·3818·5521　FAX03·3818·5514　振替 00110·6·37828
Email tk203444@fsinet.or.jp　URL:http://www.toshindo-pub.com/
※定価：表示価格（本体）＋税

東信堂

〒113-0023　東京都文京区向丘1-20-6　　TEL 03-3818-5521　FAX03-3818-5514　振替 00110-6-37828
Email tk203444@fsinet.or.jp　URL:http://www.toshindo-pub.com/

※定価：表示価格（本体）＋税

東信堂

- 若手研究者必携 比較教育学のアカデミック・キャリア —比較教育学を学ぶ人の多様な生き方・働き方　森下稔・鴨川明子編著　二〇〇〇円
- 若手研究者必携 比較教育学の研究スキル
  リーディングス 比較教育学 地域研究 —多様性の教育学へ　山内乾史編著　一七〇〇円
- 比較教育学事典　日本比較教育学会編　一二〇〇〇円
- 比較教育学の地平を拓く　森下稔・鴨川明子・市川桂子編著　四六〇〇円
- 比較教育学 —越境のレッスン　馬越徹　三六〇〇円
- 比較教育学 —伝統・挑戦・新しいパラダイムを求めて　M・ブレイ編 馬越徹・大塚豊監訳　三八〇〇円
- 国際教育開発の研究射程 —比較教育学の最前線　北村友人　二八〇〇円
- 国際教育開発の再検討 —途上国の基礎教育 普及に向けて　小川啓一・北村友人編著　三八〇〇円
- 発展途上国の保育と国際協力　浜野隆・三輪千明編著　二四〇〇円
- 中国教育の文化的基盤　顧明遠著 大塚豊監訳　二九〇〇円
- 中国大学入試研究 —変貌する国家の人材選抜　大塚豊　三六〇〇円
- 東アジアの大学・大学院入学者選抜制度の比較 —中国・台湾・韓国・日本　南部広孝　三二〇〇円
- 中国高等教育独学試験制度の展開　南部広孝　三二〇〇円
- 現代ベトナム高等教育の構造 —国家の管理と党の領導　関口洋平　三九〇〇円
- 中国の職業教育拡大政策 —背景・実現過程・帰結　劉文君　五〇四八円
- 中国における大学奨学金制度と評価　王帥　五四〇〇円
- 中国高等教育の拡大と教育機会の変容　王傑　三九〇〇円
- 中国の素質教育と教育機会の平等　代玉　五八〇〇円
- 現代中国初中等教育の多様化と教育改革 —都市と農村の小学校の事例を手がかりとして　楠山研　三六〇〇円
- グローバル人材育成と国際バカロレア —アジア諸国のIB導入実態　李霞編著　二八〇〇円
- 台湾における高等教育多様化の論理　廖于晴　三二〇〇円
- 「郷土」としての台湾 —郷土教育の展開にみるアイデンティティの変容　林初梅　三八〇〇円
- 文革後中国基礎教育における「主体性」の育成　山﨑直也　四六〇〇円
- 戦後台湾教育とナショナル・アイデンティティ　平田利文編著　四〇〇〇円
- アセアン共同体の市民性教育　平田利文編著　三七〇〇円
- 市民性教育の研究 —日本とタイの比較　平田利文編著　四二〇〇円

〒113-0023　東京都文京区向丘1·20·6　TEL 03·3818·5521　FAX03·3818·5514　振替 00110·6·37828
Email tk203444@fsinet.or.jp　URL·http://www.toshindo-pub.com/

※定価：表示価格（本体）＋税